千古第一情种 柳永

元坤◎著

CCTP
中央编译出版社
Central Compilation & Translation Press

图书在版编目（C I P）数据

千古第一情种柳永 / 元坤著. — 北京 : 中央编译出版社，2010.7
ISBN 978-7-5117-0416-0

Ⅰ. ①千… Ⅱ. ①元… Ⅲ. ①柳永（约987～约1053）—生平事迹 Ⅳ. ①k825.6

中国版本图书馆CIP数据核字(2010)第120196号

千古第一情种柳永

出 版 人：和　龑
责任编辑：韩慧强
特约编辑：朱　珊
责任印制：尹　珺
出版发行：中央编译出版社
地　　址：北京西单西斜街36号（100032）
电　　话：（010）66509360（总编室）　（010）66509366（编辑室）
（010）66161011（团购部）　（010）66130345（网络销售）
（010）66509364（发行部）　（010）66509618（读者服务部）
网　　址：www.cctpbook.com
经　　销：全国新华书店
印　　刷：北京龙兴印刷厂
开　　本：850毫米×1168毫米　1/32
字　　数：150 千字
印　　张：7
版　　次：2010年7月第1版第1次印刷
印　　数：1～6000册
定　　价：24.80元

本社常年法律顾问：北京大成律师事务所首席顾问律师　鲁哈达
凡有印装质量问题，本社负责调换，电话（010）66509618

前言

在雄踞亚洲的东部，有一个国家叫中国；在泱泱中国的中部，有一个省叫湖南。湖南有个县叫湘潭，这湘潭有一个普通的农村，村上有一户普通的农民，这对农民夫妇生了一个儿子。

这个儿子，年少时体弱多病，长大后发奋成才。对于国家的千秋大业，讲武他可以横扫千军，论文他能够安邦定国。对于个人的生活爱好，他写起诗来大气磅礴，他填起词来气象万千。

这个人远在天堂，近在心中，他就是中华人民共和国第一任国家主席毛泽东。

在毛泽东中南海丰泽园的书房里，存放着一本书，这本书的书名叫《乐章集》，这是一本词集。对于这本词集，毛泽东不知道读了多少遍。

在这本书里，他给有的词语画上了圈圈，给有的句子画上了横线。有的词语他圈了一次又是一次，有的句子他画了一条又是一条。他圈画的词多达54首。

在毛泽东故居的书房里，也存放着一本书，这本书的书名同样叫《乐章集》，对于这本词集，毛泽东也不知道读了多少遍。

在这本书里，他同样给有的词语画上了圈圈，也给有的句子画上了横线，同样有的词他圈了一次又是一次，有的句子他画了一线又是一线，连同《词综》的数目，他圈画的词也多达35首。

《乐章集》的作者到底是谁呢？毛泽东为何如此的钟情于他呢？本书讲的就是那个作者的故事。

目 录

第一章

初露锋芒的少年柳永

1. 来个介绍吧——让美女们魂牵梦绕的北宋巨星

寒蝉凄切，对长亭晚，骤雨初歇。都门帐饮无绪，留恋处，兰舟催发。执手相看泪眼，竟无语凝噎。念去去，千里烟波，暮霭沉沉楚天阔。

多情自古伤离别，更那堪，冷落清秋节。今宵酒醒何处，杨柳岸，晓风残月。此去经年，应是良辰好景虚设。便纵有千种风情，更与何人说。

就从这首词谈起吧！你读过吗？当年的语文老师说，这首词是要考默写的，所以吓得把它背了一遍又是一遍，现在仍然记忆犹新。

这首词的词牌名叫《雨霖铃》，是中国中学语文教科书上的一首词，差不多每一个上了中学的人对这首词都很熟悉或是有点印象。写这首词的人名字不叫周杰伦，也不叫方文山，他的名字叫柳永。

他是一个什么样的人呢？我们先来看看他的基本资料：

中文姓名：柳永

别　　名：柳三变，柳景庄，柳耆卿，柳七，

英文姓名：Liu Yong（我根据规律推测出来的）

柳迷昵称:柳哥、柳郎、七哥（会不会有永哥这个昵称呢）

粉丝名称：柳条（绝对是）

性　　别：男

民　　族：汉 族

国　　籍：中 国

籍　　贯：福建崇安

生卒年份：（宋朝）约公元984年—公元1054年（确定年份鬼都说不清楚）

语　　言：汉语（那时对英语不要求过四级）

生　　肖：龙（这是最多情的生肖）

星　　座：双鱼座（这是最多情的星座）

身　　高：170厘米以上（为什么自己去想）

血　　型：AB 型（矛盾的血型）

学　　历：本科（进士）

职　　业：自由撰稿人、公务员

职　　称：奉旨填词（古今独一无二）

爱　　好：旅游、写作、听歌、当官

代表作品：《雨霖铃·寒蝉凄切》

《蝶恋花·伫倚危楼风细细》

《望海潮·东南形胜》

……

社会名气：五星级（上至帝王宰相，下至妓女和尚）

人生格言：才子词人，自是白衣卿相

名言名句：1. 多情自古伤离别，更那堪冷落清秋节

2. 衣带渐宽终不悔，为伊消得人憔悴

他是中国北宋仁宗时期一个名气冲天的人物。当时的整个中国几乎没有一个人不知道他的名字，上至九五之尊的皇帝和权倾朝野的宰相，下至流落烟尘的妓女和行走江湖的和尚。

他既精通音乐，又擅长歌词，同时擅长写作，可以说是娱乐界的大腕，是北宋当时的歌坛天王，也是文学界的泰斗。

如果柳永生于今天，在音乐圈里面的名气，那就是北宋的周杰伦和刘德华；在文化圈里面的名气，那就是北宋的韩寒和余秋雨。

他帅气逼人风度翩翩，谢霆锋和古天乐之人见了恐怕都要感到自卑。

他才华横溢闻名天下，就连皇帝宋仁宗和宰相晏殊也暗暗地心怀嫉恨。

他风流多情潇洒不羁，真诚地对待每一个普通百姓，不管是流浪街头的乞丐，还是沦落风尘的歌女。

他关心和热爱那些才艺双绝的青楼女子。并且发自内心地尊重她们，尽管全社会都认为她们肮脏龌龊，令人不齿。所以，柳永让那些青春少女神魂颠倒，成了她们魂牵梦绕的对象。

不愿穿绫罗，愿依柳七哥；

不愿君王召，愿得柳七叫；

不愿千黄金，愿中柳七心；
不愿神仙见，愿识柳七面。

这是当时北宋女人的心声，更是那些青楼歌女的口号。她们不愿得到那价格昂贵时尚亮丽的衣服，只要能跟在柳永后面就感到无限荣光；她们不愿意得到“国家主席”的接见，只要柳永叫她们一声就高兴得彻夜难眠；她们不屑于大把大把的钞票，只要得到柳永的真心就是死也无憾；她们不屑于见到无所不能的神仙，只要看到柳永一面就顿感骄傲得意。

然而，由于他的特立独行，潇洒不羁，引起了那些衣冠君子的唾弃；由于他的才华横溢，名扬四海，引起了同人的嫉妒和怨恨。由于他的倔强和坚持，引起了人们对他的疏离和孤立。人们说他是目空一切的狂徒，说他是品格败坏的浪人，说他是行为不端的小人。

所以，这样一个风华绝代的才子，被那个愚昧的时代所抛弃，宋代的《国史》载满了文人墨客，却留不下他的一丝足迹；名声卑微的人群在《宋史》里面川流不息，我们却找不到柳永的影子。

他在哪里呢？他被那些小肚鸡场的人们给排挤在外，他拖着沉重的步伐，独自在历史的轨道上艰难跋涉，腿脚酥软，满脸憔悴。凄凉和寂寞噬咬着他的心，晚风吹拂着他那零乱的头发，泪光映照着天边的残月，他不知道前方的路还有多长，也不知道自己要走向何方，他还是一边走，一边唱：

望处雨收云断，凭阑悄悄，目送秋光。晚景萧疏，堪动宋玉悲凉。水风轻，苹花渐老；月露冷，梧叶飘黄。遣情伤。故人何在？烟水茫茫。

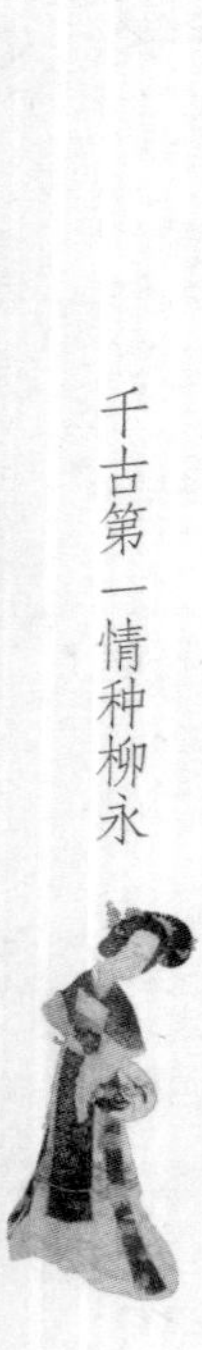

难忘。文期酒会，几孤风月，屡变星霜。海阔山遥，未知何处是潇湘。念双燕，难凭远信；指暮天，空识归航。黯相望，断鸿声里，立尽斜阳。

唱吧！唱吧！不要伤心，不要落泪，不要绝望……历史永远是公平的，是非自有公论。

2. 家庭背景还有点名堂——满屋的公务员

（一）80后

一阵天风从赤道吹到了太平洋的海面，一路而行飘向北岸的大陆，于是一群出生于20世纪的80后在中华大地上苏醒了。他们很多具有卓越的文学才华，特立独行的韩寒，小资情调的郭敬明，敏感多情的张悦然……他们舞动着漂亮的文字，成了当今社会的主流。

而当这阵风吹进时间的隧道，回吹向一千年前的北宋，公元10世纪的又一位80后也出生了。他同样具有非凡的才华，而且具有很高的人气。但是，他被定格为是当时的非主流。

在这主流与非主流之间，横着一条长达一千年的河流，而如今，我和你都站在河岸的这边，你只能听到柳永的声音，但却想一睹他的尊容。于是，我发扬为人民服务的精神，不辞劳苦，把你背向河流的对岸，让他们去见见这个绝代风流的才子。

（二）年份

可悲，可悲，真是可悲！他的生日居然都不知道。

中国历史上这样一位牛人，在当时已经红得发紫，粉丝遍及天下，可谓无人不知，无人不晓。

北宋当时的“国家主席”和“总理”都是他的粉丝，寺庙

里面的和尚与青楼里的歌女也是他的粉丝。没有谁不知道他的名字，没有谁不熟悉他写的词。

如果有谁敢说：我不知道柳永。那么他是要被人看不起的，甚至连青楼女子都看不起他——“不列为姐妹之列”

然而，柳永生于何月何日，人们却都搞不清楚。记录历史的人们把一些庸庸碌碌之辈塞满了史书，却留不下他履历的一丝踪迹，使得今天的人们埋身书海绞尽脑汁也找不到他的出生日期。

那些自作聪明的人们，把这个人的说法怀疑一遍，又把那个人的说法否定几句，而自己却同样是云里雾里，无论如何也找不到问题的答案。

于是，有人望了望天空，打了个哈欠，他大概出生于公元984年吧！

无论如何，这是理当被记住的一年，因为这年北宋发生了两件大事：第一件大事，就是那个跟着宋太祖赵匡胤南征北战叱咤风云的石守信同学去世了；第二件大事，就是那个才华横溢人气十足的非主流同学柳永出生了。

按照中国的惯例，才子在出生的时候，总得和开国皇帝的出生一样，总是有点奇异的故事。我记得李白的妈妈梦见吞了月亮因而就怀了李白，许仕林出生的时候就有文曲星下凡，钱钟书抓周的时候就紧紧地抱住一本书不放……但是，柳永的出生充满了浓厚的现实主义，好像没有这些个说法。

管他呢，反正我们知道柳永在宋代出生了。

“哇”的一声，一个新生婴儿来大宋王朝报到了，他的哭声在大宋的天空中渐渐弥散，飘向花花绿绿的繁华都市，飘向饱经风霜的红尘古道，飘向那豪门官衙的朱门小缝……最后融进那堆满枯枝的黄土。

二十年后，他将被这个王朝给彻底抛弃；而在一千年后，他将为这个王朝增添无限光彩。

（三）背景

柳永给人们的印象是他的生活十分穷苦，甚至连吃饭都顾不上，有时还要到歌女家去混吃混喝，常常受到青楼歌女的接济，让我们觉得他出生于一个穷农民的家庭，是一个寒酸的穷书生。

实际上，他的家庭背景还是有点名堂的，说出来恐怕要吓你一跳——满屋子都是公务员。

在认识他的家庭成员之前，我们先来认识一个同学，他叫王禹偁。其实，说不好的话也算是老朋友了。是的，就是北宋初期的那个著名诗人王禹偁，就是在《古文观止》里面写《黄冈竹楼记》的那个王禹偁。还记得他那首《村行》吗？

马穿山径菊初黄，信马悠悠野兴长。
万壑有声含晚籁，数峰无语立斜阳。
棠梨叶落胭脂色，荞麦花开白雪香。
何事吟余忽惆怅，村桥原树似吾乡。

上大学的时候，老师说这首诗要考试啊，所以吓得拼了命地背，现在还记忆犹新。你还记得吗？

柳永的老爸柳宜就和王禹偁是玩得很好的哥们，正因为是铁哥们，所以王禹偁同学还为柳宜的老爸柳崇写过墓志铭。所以，我们就从柳永的爷爷看起，然后一个个地接下去。

柳永的爷爷柳崇，是个知识分子，在一个州里非常有名，人们都说他博学多闻。一个叫王延政的人占据福建时，听说还有这么个人，邀请柳崇加入他的团队，可是他说：我妈妈老了，我要照顾她，没有时间给你政府打工（在今天真是太不可想象了）。可见他即使不是公务员，也是社会上的重量级人物。而更要重要的是他所有的儿子都在中央里面。

柳永的爸爸柳宜，已经说过他和王禹偁是哥们，最初他就是南唐的监察御史，也就是说他是那里的中央纪律检查委员会的委员。到了宋代，他也是一个省的副省长。到了后来，还混进了中央，当了工部侍郎，也就是中央建设部的副部长。够牛吧！再撑上几年，没准儿还能混到总理的位置呢！

柳永的叔叔柳宣，先在南唐当大理评事。也就是最高人民法院审判团的审判员。到了宋代，也是先在地方上混了几年地方官，最后也混进了中央。

柳永还有四个叔叔：柳寘、柳宏、柳寀、柳察，他们全在政府部门工作，还有两个哥哥，一个柳三接，一个柳三复，都考上了大学进了政府机关。并且他们公务员不是因为关系才抢到的，而是真刀真枪一笔一画从考场上考出来的，而且官都做得很大，差不多都混进了中央。

其实，就连柳永的侄子柳淇和自己的儿子柳涚都考上了大学，全都做了公务员，最后全部混进了中央（当然这是后话）。

所以他家的公务员，虽然不全是中央官员，但至少是省级的地方官员，差不多可以说都算得的上“副厅级”以上干部。

要是他的家庭存在于今天，让那些考公务员的大学生见了，他们一个个都将嫉妒得跳楼自杀。你羡慕吗？

（四）乳娘

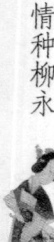

在宝宝出生的时候，柳叔叔也是格外地照顾柳阿姨的营养。但是，柳阿姨就是没有奶水，小柳永常常因吃不饱而哭闹不停，

惹得一家人苦恼不堪。

于是柳叔叔不得不去请一个乳娘，柳家的孩子当然不能就到街头上随随便便地找一个村姑。

通过一切途径，终于物色到一个奶水充足的女子，她比较年轻，略通诗书，多多少少认识一些字，理化生与政历地是不懂的，当然英语也是一窍不通。

但是这在古代是很难得了，要知道那时的流行口号是“女子无才便是德”，想上学都没门儿，更不用说考大学了，你听说过中国古代有女秀才女举人女进士吗？听说过有女县令女太守女宰相吗？

柳叔叔目光远大，不在乎这个乳娘的“缺德”，毅然把她请到家里，让他供应小柳永的奶水，并且要求她教小柳永认字。

乳娘起初有点诚惶诚恐，认为自家学的那几个字说出来也羞人，根本就不配来教育孩子。可是，有时候独自带着小柳永，估计她既找不到人聊天，又没有地方去玩，家里没有电脑，上不了 QQ，身上又没有手机，发不了信息。她感觉非常无聊，就在给柳永喂奶时，用手指蘸着奶汁在柳永掌心上写字，并且一边写一边教他读。

虽然每次教他认字的时候，这小家伙不大配合，但是长年累月下来，还是磨熟了不少字。

无论怎样，小柳永的家庭教育从此开始了！

写到这里，我突然想起了一个现象，就是中国历史上的很多天才人物，他们的教育都是在三岁左右就已经做出成绩，而且在七岁的时候，就表现出“神童”的特点了（后面还有相关内容）。

教育要趁早啊！（你已经没救了，救救孩子吧！）

3. 据说小时候是个天才
——几岁就能写诗作文了

（一）得意

柳永的老家在福建崇安（今福建武夷山市），如果他今天还活着，你想去拜访他或是想给他写信，那么详细地址告诉你吧：福建省南平市武夷山市上梅乡茶景村，邮政编码是……（自己去查）。所以今天的武夷山人，得意地道：柳永是武夷山之子。

柳永的老家虽在崇安，但他却不是在崇安出生的，他出生在他爸爸的政府机关所在地——山东济州（今山东随县，又说沂州费县），因为那时候的公务员办公地点和住宿地点往往是在一起的。

好在山东人通情达理慷慨大方，没有跟福建人争夺柳永的名气和影响力。否则像今天的人们为诸葛亮的出生地而大肆争吵可就不好玩了。

武夷山人，得意去吧！因为的确是值得得意的。

然而，真正得意的人恐怕还是柳叔叔了，尽管柳妈妈前两胎都是儿子，如此可观的生育成绩足以让他对祖宗交差，对于秉持着多儿多福的观念的柳叔叔来说，这第三胎所生的儿子，同样能够为他增添不少的快乐和得意。老实说，柳叔叔心满意足了。

他每天上班工作精力充沛，干劲十足。他走在上班的路上，顶着灿烂的阳光，望着蓝蓝的天空，心情舒畅，志得意满，打心底上感谢上帝的眷顾，让自己考了大学，取了老婆，生了孩子，并且还有了一份让无数同学感到异常羡慕的工作——政府公务员。

上班……下班……照顾孩子……

柳宜对自己的生活感到非常惬意！我们仿佛都能听到他走在路上哼着欢快的曲儿：

今天是个好日子呀，

心想的事儿都能成；

明天是个好日子，

打开了家门咱迎春风……（宋祖英《好日子》）

唉，运气一好就没得说，更好的美事还等着他呢！

（二）升官

太宗醇化元年（公元990年），也就是柳永七岁的时候，柳宜接到中央的任职文书，说让他到全州（今天广西）去当通判。

柳宜高兴的情绪仿佛肚子的酒气，压制不住地涌了出来，得意的笑容挂满了脸蛋。可惜手上没有手机，否则立刻就要来个短信群发：祝福我吧！老柳升官了！通判了，以后有时间多多联系。

平时不太跟孩子逗的柳叔叔从老婆手上抱过小永，看着他那闪亮的黑眼珠，一时兴致大发，结实地吻了两吻，然后还用手指掐了掐小永的小脸蛋，道：永永，将来也要考公务员哦！

可是，按照宋代的政府规定，公务员是不许携带家眷住进政府机关的。想到这里，柳宜就郁闷了。

自己马上要去全州了，在济州买的房子怎么办？家中老小怎么办？望着小柳永那黑珍珠般的眼珠子，柳宜陷入了深深的沉思……

自己先去上任把家人留下？

一起到全州去买房子？

先把把家人送回崇安，等自己安顿好找到房子再来接他们？

还是……

正当全家都在为柳宜的升官而高兴的时候，一件不幸的事情发生了，当然这件事情也为柳宜的沉思找到了答案。

（三）去世

柳宜下班后，像往日一样，为了帮助柳妈妈照顾孩子，他脚步匆匆地从办公室赶回家中。

回到家里，一些新朋旧知都得接待，忙里忙外，一会儿是孩子，一会儿又是客人，不知不觉一整天就过去了。

夜了，小柳永睡了，柳妈妈也睡了，整个世界依偎在黑夜的怀抱中。机关的勾心斗角，生活的琐碎烦恼，心情的压抑苦闷，小人的阴谋诡计……全都被抛到宇宙最深处的角落。

然而，柳宜还在为房子的问题犯难，家人到底怎么办呢？

留在这里，还是到全州去买房，可是买房有钱吗？

把她留下她乐意吗？

他放下手中的竖行版的《大学》（里面全是繁体字，普通的大学生想看完都有困难）。他独自在书房里来回踱步，还是没有想出一个理想的解决办法。

他缓步走出房门，望着浓浓的黑夜，什么想法也没有。于是，他在走廊上，低着头，继续沉思。

忽然，一阵风吹过，打断了他的思绪，抬起头来，只见爸爸房间里的蜡烛被吹得摇曳不定。

爸爸，还没有睡吗？

没有回答。

爸爸，还没有睡吗？

依然没有回答。

柳宜一边走，一边叫，他知道爸爸晚上有读书的习惯，现

在肯定还没睡。

柳宜的声音被风给吞没了，没有得到一丝的回音，他望着那飘飘摇摇的烛光，一种不祥的预感涌上了心头，走到爸爸的门前，轻轻地敲了敲门。

爸爸，睡了吗？

又是一阵狂风，竟然把房门都给吹开了，随着就是“砰”的一声，烛台掉到了地上，烛光灭了。

柳崇就在这样一个夜晚离开了人间，他是追寻他那远在山西的远祖去了，还是追寻那远在福建的先人去了呢？这个十岁就失去爸爸的孩子，在母亲丁氏的抚养下逐渐长大，最终以文学成名。

现在可以去向他的爸爸报喜了。

（四）预测

在柳崇的七个孙子中，柳永是最小的，也是柳崇最喜欢的一个孩子。因为柳崇的处世哲学是那八字真言：从小见大，三岁看老。

他早就懂了史玉柱所说的话：读万卷书不如行万里路，行万里路不如阅人无数。他一生饱读诗书，遍游九州大好河山，四海之内的哥们也不知认识多少，当然，更多的还是在书本上认识的。

所以他对自己的眼睛和判断力格外自信，他认为家里的小永永将来即使当不了国家主席，起码也能混个总理当当。

而且，他还有充分的理由：

第一，永永的眼睛亮得发光，说明他的智商的分数一定非常高，当然他没有找到测量智商的试题。

第二，永永天性浑厚，重情重义，见到老人摔倒了就哭，足以见得他将来品德非常高尚，在今天起码是个全国道德模范。

第三，家里叔伯兄弟那么多，都是公务员，大家可以帮他打通关系，让他较快地进入中央。

第四，教育更是没有问题，我柳崇可以亲自教育他，开导他，实在不行，还可以让他参加培训班或是请个家教，让那些在职秀才们跟他陪读。

……

柳崇的理由非常充分，这里就不全面列举了，完全可以做成一篇优秀的大学毕业论文，题目叫《论柳永能成为北宋总理的必然性》，只是那时似乎还没有论文期刊杂志，所以即使写了，我们今天也看不到了。

柳崇对自己的孙子充满了信心，也对自己的眼睛充满了自信。所以，在小柳永跟着爸爸妈妈回到老家崇安的时候，他只要一有空闲，就把小柳永抱到自己身边，要么是读书给他听，要么就要教他背书。

然而，几十年后，可叹这位学富五车的预言家，他的预言能力最终被那才华横溢的孙子给否定了。

（五）回乡

爸爸，爷爷呢？

哦，爷爷……爷爷他……

我怎么好多天没见爷爷呢？

爷爷走了。

哪里去了？

唔……爷爷……爷爷他回家乡了。

那我也要回家乡。

小柳永用珍珠般的眼睛望着眼前的老爸。

果然，那双发亮的眼睛照亮老柳的心扉，柳宜心头一亮，仿佛孙悟空得到观世音的指点，郁积在心头的烦恼终于找到了倾泻的出口。

于是柳宜想申请三年的长假，于是，他给相关部门写了一张请假条：

尊敬的领导：

您好！我是济州团练准官柳宜，上级对于我的提拔让我很感激，但是现在我的爸爸去世了，我想回去守孝，您可能不知道，按照我们那地方的习俗，大孝要守三年。所以，我想请三年的假，等到假期一满，我立即返回岗位工作。希望能够给予批准。

然而，北宋政府百业待兴，个人的事再大也是小事，国家的事再小也是大事。

柳宜，你不知道现在我们正忙吗？我提拔你已经是给足了你面子，还婆婆妈妈跟我谈条件，爱干不干，不干拉倒。北宋政府没有批准他的请假，但是他的这个行为得到了世人的赞扬。

机不可失，失不再来。柳宜把爸爸的后事托付给了弟弟柳宣，割舍了奉孝的心意，带着一身的憔悴和伤痛，独自上任去了。

于是，三岁的柳永由妈妈带着，跟着二叔柳宣扶着祖父的灵柩往老家崇安。

柳永开始了人生的第一次远行，仿佛这是他一生的预兆。

在济州奔往崇安的路上，马车拉着灵柩缓缓前进，愁云千里，悲风呼啸，白雪飘飘，白衣铺地，行人发丝凌乱，这一切具体地解释着唐代韩愈的两句诗，多少年后，柳永读到这句诗的时候，恍如昨日（《左迁至蓝关示侄孙湘》颈联）：

云横秦岭家何在？雪拥蓝关马不前。

小柳永望着叔叔的那悲戚的面容，妈妈那泪水横流的脸面，一种莫名的伤感涌上了心头，不知不觉，一滴浓浓的泪水从小柳永的眼角顺着脸颊滚落下来。

这次故乡之行，给小柳永的内心蒙上了一层悲戚的情绪，也为他的人生打上上凄冷的色调。

（六）建州

崇安县属于北宋的建州，据说建州整个地方文风昌盛，读书风气十分流行，读书做官的人更是层出不穷。《嘉靖建宁府志》就添油加醋好地进行了一番描叙：

建州至宋而诸儒继出，蔚为文献名邦……家有诗书，户藏法律，其民之秀者狎于文。

什么意思呢？这建州啊，每家每户都有诗书，每家每户都放着法律。这么说来，福建的教育史就彻彻底底地把达尔文的《进化论》给推翻了。

不过这里只是说明一句话：此地流行读书！如今柳永正在向这个流行读书的地方进发。

记得读初中的时候，班上有一个被称作神童的同学，他们村子据说也是格外崇尚和流行读书，考上一个高中，村里就奖他一千；考上一所大学，村里就奖他一万。

难道建州早就有了这个美事吗？

（七）故乡

美丽的武夷山，梦中的五夫里，永永我回来了。今天我这

个毛头小孩为你而高兴，明天你将为我这个毛头小孩而骄傲。

这是一栋陈旧的房子，没有华丽的装饰，但是我们可以很容易地看出这房子承载着深厚的文化底蕴，就像我们今天看到北京的紫禁城一样。

这里我们需要插入关于这间房子的住宿历史。

柳永的爷爷的爷爷，或是爷爷的爷爷的爷爷……反正好几代之前，柳家的先辈从河东（山西）把户口迁到了崇安（福建），住在崇安五夫里的金鹅峰（当地又称鹅子峰）下，从此柳家就成为五夫里人了。

柳永的爷爷柳崇一直都住在这栋陈旧的房子（我没有说他家世世代代都住这所房子，它可能经过改建或是扩建，但是地点没有大变动）。

我们现在的故事还处在五代即将结束宋代即将建立这个时间，这样的一个时间段的社会状况你应该清楚，为了称王称霸，彼此争夺地盘，互相混战，战火纷飞。

当时，各家都在激烈地争夺地盘，一个叫王延政的人抢到了福建，听说柳崇这个人还有点名气，就以副县级的待遇请他加盟。也不知道柳崇是嫌薪水太少，还是嫌职位太低。反正他不干，还是住在五夫里这个小地方。

不久南唐政府把王延政建立的政府给灭了，柳崇的儿子柳宜和柳宣都到加盟进去当了公务员，办公地点在建康（南京）。两个儿子还比较孝顺，向上级领导反应，说能不能帮爸爸找个活干，没有想到领导二话没说就爽快地答应了。

那个时候这种行为叫“推恩受封”，不知道是不是因为柳崇性格高傲，感觉这样通过儿子的关系跑去当公务员没有面子，所以他又不干，继续住在五夫里。

接着宋朝把南唐给灭了，柳宜和柳宣又加盟到宋家政府，都被分配到山东去当公务员，他们还没有能力和机会帮老爸在政府里找份工作，所以柳崇就只能老老实实待在乡下。

此时，柳崇想念那个叫柳永的乖孙子了，不知道他的老爸老妈对他的教育怎样，有没有荒废。于是，他一时兴起，就渡江到山东济州去看望儿子和孙子，暂时离开了崇安的五夫里。

他住在柳宣的官舍，本来认为还可以享享福，没有想到突然就患了重病。柳宜看到每天都是哥哥照顾爸爸，心里有点过意不去。于是，他把柳崇接到自己的家里加以照顾，但没想到，刚接过来，就驾鹤西归飞回了故乡——带着自己那满心疼爱并且寄予厚望的孙子。

白水村（五夫里村）坐落在鹅子峰下，俨然是大地吐出的一朵梅花。村头有座桥，名叫遇仙桥，横在潺潺白水溪上，凝重古朴。

柳家门前是一排古老的柳树，修长的柳条一直垂到了地面。门前不远处是条弯弯曲曲的柳叶河，河水哗哗啦啦地从门前流过。小河边上便是一片荷塘，白色的荷花一朵比一朵艳丽。

蓝蓝的天空上浮着几朵白云，这座古老的房子就依偎在这样一片天空之下，显得和平宁静。

柳永，这就是你的窝窝了，进去吧！

（八）理想

我读书的时候，小学老师每天都教育我说，要有远大的理想，我们一个个想当科学家，当画家，当音乐家，当总裁，当主席，当总统。柳永出生于书香门第官宦世家，柳家孩子的理想，自然不是去插秧耕地，不是去当掏粪工人，不是去当销售经理，不是去当人民教师，不是去当电视演员，也不是去当流行歌手。而是被定格在一条路上：当公务员。当然，理想虽高，但也没敢鼓励孩子去当国家总统或主席——有这个伟大理想的人要么是被杀了，要么就真的实现了。

一出生，就如同已经出生的两个哥哥，柳叔叔向他灌输着爸爸传给他自己的世界观和人生观：读好圣贤书，货与帝王家。在时间的观念上，也是灌输着这样的概念：黑发不知勤学早，白首方悔读书迟。所以，他几乎一出生就浸润在四书五经之中。

前面我们说柳永出生的时候，有什么故事来着？是的，出生不久的时候柳宜就要乳娘教柳永认字。

其实，要是柳宜懂得胎教的话，即使没有音响和电脑，为了孩子的前途他也会在下班的时候读书给柳永听的。

所以，在小柳永的脑海里，主要装着三样东西：

一样是发奋苦读的故事，什么闻鸡起舞啦，凿壁借光啦，囊萤映雪啦，悬梁刺股啦……

一样是劝学的诗词：天子重英豪，文章教尔曹；万般皆下品，唯有读书高。少小须勤学，文章可立身；满朝朱紫贵，尽是读书人……

一样就是一个清晰的目标：考大学当公务员，考大学当公务员，考大学当公务员……

柳永在父母兄弟的教育下，在家庭的环境的熏陶下，不自觉地养成了奋发苦学的习惯。这种习惯不是像今天的孩子那样被父母逼的，今天的孩子去参加奥赛班，去学习钢琴，他们很多是被逼的。

小柳永每天的工作就是读书，练字，他认为自己将一直这样读下去，练下去。他也感觉这是天经地义的事情，没有一点儿的疑问，就像一个被关在监狱里的无期徒刑犯人一样，不会想到有人劫狱，也不会想到会发生革命。

然而，在小柳永的历史中，一场革命正等着他呢！

（九）劝学

这日，两个哥哥都上学去了，而柳永照例是在家里读书，柳阿姨要去城里买东西，嘱咐柳永在家里好好背书，不要乱跑。

永永，在家里读书，不要出去乱跑，妈妈去城里买东西，回来给你带好吃的东西。要乖，好吗？

小柳永满口答应，连连点头。答完就放开他的小喉咙，摇头晃脑地大声背起了《论语》：

子曰：学而时习之，不亦说乎？有朋自远方来，不亦乐乎？人不知而不愠，不亦君子乎？

柳阿姨看到自己的孩子这么乖巧懂事，开心得一抬腿就出了门。

你看吧，这孩子这孩子倒的确确是乖巧，没人监督，依然是读得兴致勃勃，奶声奶气的，读得抑扬顿挫：

子曰：君子食无求饱，居无求安，敏于事而慎于言，就有道而正焉，可谓好学也已。

……

读着读着，突然被外面一群孩子的吆喝声给打断了思路。柳永走到大门旁瞧了瞧，只见几个孩子正拿着风筝跳着跑着，带着一片欢声笑语路过门前。

“永永，一起放风筝去吧，看我这风筝多漂亮。”

想当年，华歆跟管宁一起读书的时候都禁不住外面的喧嚣和诱惑，何况现在还有人来“勾引”柳永。

受得住诱惑吗？你可是才子啊柳永！

才子怎么了，才子就不爱玩了吗？

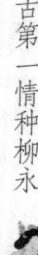

爱玩是人类的天性，尤其是孩子的天性，要知道美国的教育都鼓励孩子要玩。

没办法，柳永受不住诱惑，犹豫了三秒钟后扔下书本，撒开腿便跑了出去……

柳阿姨从城里回来了，买了一包的东西。

“永永，吃冰糖葫芦了。”

本想柳永会冲出房门，不料屋子里静悄悄的。

“永永，永永……”

依然没人回答。

接着，柳阿姨便到屋前屋后大声呼喊，左邻右舍到处询问，可就是没有找到柳永的影子。

柳阿姨急得心慌意乱……

直到傍晚，柳永玩得心满意足，兴高采烈地跑着跳着回来了，心里还想着妈妈正拿着好吃的东西等自己呢。

是的，妈妈等着你，的确拿着东西，这没错，只是拿的东西换了根竹鞭而已。

“妈妈，永永回来了，吃的东西呢？”

小柳永张着一双大眼睛，面带微笑期待地地望着妈妈。

“跪下！”柳阿姨拉下脸来厉声叫道。

仿佛是一只幼小的羔羊遇到了猛虎，柳永吓得懵了，两只眼睛惊疑地望着妈妈，不敢出声。

“你一出生，你爷爷就说要你好好读书，你爸爸也是经常这样教导你，现在你爷爷去世了，爸爸又外出当官了，你现在不好好读书，一心想着玩，把学业给荒废了，叫我怎么对你爸爸交差。”

把手伸出来，说着便狠狠地一鞭子打了下去。

柳永哭了，柳阿姨也哭了。一个哇哇大哭，一个清泪缓流。

“古人不知道写了多少劝孩子读书的文章，你爷爷你爸爸也不知道教你读了多少，不读书将来就没有前途，而你现在就想着玩，你说你将来有什么前途？”

柳永接着哭。

“你今晚也写一篇关于读书学习的文章，题目就叫《劝学文》，写不出来就不要睡觉。”

没有想到一直对自己疼爱有加的妈妈突然变得如此的冷酷无情，柳永那幼小的心似乎难以接受。

夜深了，柳永靠在桌子旁边，左手压着白纸，右手执着毛笔，一边啜泣，一边思索，歪歪斜斜地画出了下面的文字：

父母养其子而不教，是不爱其子也。虽教而不严，是亦不爱其子也。父母教而不学，是子不爱其身也。虽学而不勤，是亦不爱其身也。是故养子必教，教则必严；严则必勤，勤则必成。学，则庶人之子为公卿；不学，则公卿之子为庶人。

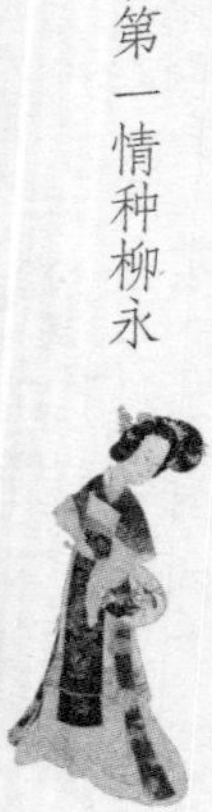

柳永算是完成了妈妈的命题作文，而且完全超出了命题的束缚，这篇百字短文所获得的成绩，绝对就可以被保送送少年作家班了。

因为，这篇文章被宋代一个叫黄坚的老师收进了一本叫《古文真宝》的作文选里。这本作文选里还收录了宋真宗、宋仁宗的作文，还收录了韩愈、朱熹、白居易、司马光、王安石等同学的作文。这就像把一个中学生的作文选进一本作文选里，而里面的作者有鲁迅、巴金、老舍、余秋雨、韩寒、张悦然等同学。

靠，有没有搞错啊，我有那么牛吗？居然把我柳永塞到那群大师里面去。

其实，这还不算什么，更重要的是在晋级赛中，柳永同学的这篇文章和宋真宗、韩愈这两位同学的文章一同杀进前三名。

（十）练字

柳永四岁的时候就开始练习写毛笔字了，并且一直坚持不懈，这不是像我们是为了陶冶高尚的道德情操，而是为了在未来的公务员考试中积累资本。当然，此时的小柳永还不可能想这么远，而他老爸老妈是清楚了。

永永，赶快练！

家门前的柳叶河，河水清澈见底，河边有块大青石，据说每天柳永提着一杆大笔，蹲在大青石上提腕运劲，在水面上练字，日子长了，他在纸上便能写出十分潇洒飘逸而又沉稳遒劲的字了。

乡邻们每逢婚丧嫁娶，很多人都请小柳永帮他们写对联，年纪轻轻的柳永总是来者不拒，挥手而就。有的乡亲还会送来一些小礼物，但是柳永一点儿都没有留下，全部让他们拿回去（真懂事）。

他写的对联，人们称为“柳联”。 柳叶河边那块大青石，则被后人称为“磨砺石”。

所以，他很小就在乡情之间留下了很好的口碑。

大家一致认为这个聪明的孩子将来一定会大展宏图飞黄腾达。用今天的话来说，将来一定是个百万富翁，是个大官。

是啊！谁不这样认为呢？假如我是他的乡亲，我也会这样认为。我小的时候也帮人写过对联，但是心里头还默默地念着，要是能给我送点东西就好了，难怪自己今天还没有出息呢！

突然想起了一件事，我小时候学的是柳公权的“柳”体字，柳永跟柳公权有关系吗？

（十一）夜读

白天柳永到家门前的小溪去练习写字，晚上还要秉烛夜读，这不，柳永还正襟危坐，认真看书呢？

夜深了，几颗好奇心强烈的星星扯破了夜空的天网，趴在窗口，伸出投来俯望着大地，可惜它们的视力不够，只能看到大地的一团漆黑，因而一个个没精打采地眨起困倦的眼睛。

家家户户都入睡了，只有柳永的房间还点着蜡烛，淡黄的烛光照着柳永那清秀的面容，也照着那泛黄的书页。

窗外是座山，山上的虫儿滴滴嘟嘟地聊着天，当然这是传说中的天籁之音，它不会干扰柳永的心情，反而更能使他神闲气静，提高看书学习的效率，与教室里面的学生打闹有着本质的区别。

柳永端端正正地坐在凳子上，借着微弱的烛光，盯着书上的字。那书全是竖排的繁体字，把它转换为横排简体字，就是下面的内容，今天的初中生也在读也在背，只不过柳永所看的是一章，而那些初中生看的是一节，也许柳永所看的这段内容还没有初中生背得熟练。(《礼记·礼运》)：

……

大道之行也，天下为公。选贤与能，讲信修睦。故人不独亲其亲，不独子其子，使老有所终，壮有所用，幼有所长，矜、寡、孤、独、废疾者皆有所养，男有分，女有归。货恶其弃于地也，不必藏于己；力恶其不出于身也，不必为己。是故谋闭而不兴，盗窃乱贼而不作，故外户而不闭，是谓大同。

……

柳永对这些古代经典格外的感兴趣，就像周海洋（2009年高考最牛作文考生）对古典诗词感兴趣一样。他对这些竖排的繁体字和那精炼的语言充满了敬意。他认为自己可以从中获取智慧，而不是像现在大中小学里面的无知学生一样，认为这些老古董难读难记又难背，恨不得把胡适和鲁迅从坟墓中背出来，重新举起新文化运动的旗帜，高喊：废除汉字，废除文言文……

柳永夜夜秉烛看书，后人把窗户后面的山命名为蜡烛山。

眼看烛光夜夜照着蜡烛山，一位伟人可对柳永充满了信心，因为他老人家也是在一盏清油灯下写下了许多光辉著作，指明了中国革命胜利的道路，以致后来他还发表文章说星星之火可以燎原。

八角楼上那微弱的油灯照亮了新中国，如今这点微弱的烛光，我们且看它如何点燃柳永那前途的原野！

（十二）兄弟

由于当时没有计划生育的政策，柳叔叔和柳阿姨就猛生，一不留神就生出了三个儿子（前面已经说过）。并且这三个儿子的名字取得很有规律，很有意思。老大叫柳三复，老二叫柳三接，老幺叫柳三变（怕你对这个名字不熟所以把柳永这个名字提前用了）。

其实，不但是柳永努力向上，发奋苦读，柳家三兄弟都是一样的，若说他们废寝忘食和悬梁刺股有些夸张，但可以说他们十分刻苦，至少跟那些在地铁上背单词的大学生有得一拼。

并且兄弟三个很小就有名气，人们称为“柳氏三绝”。这可是可以和曹操那一家子有得一拼，和苏轼一家也有得一拼，至于三袁，估计柳永一个人就可以对付了（三袁的名气实在要小些，不是我看不起姓袁的）。如果跟英国勃朗特三姐妹在同一时代，一个配一个，那真是绝配。

说到这“柳氏三绝”，大柳和二柳究竟有多“绝”我们搞不清楚，因为我们从小到大就没有听说过这两柳的名字，想必也牛不到哪里去，你说呢？

那么咱这个三柳倒是有点名堂的。如果这个“三绝”代表是极品的意思，那么柳永算是极品中的极品了；倘若说这个“三绝”是相对于庸庸之辈的一个比较级，那么柳永是可以独立出来成为最高级的。

因为老百姓还给了他一个独一无二的封号：峨子峰下一支笔（金鹅峰下一支笔）。

其实柳永每当听到人们这样夸他的时候，他就感到极为担心，因为柳永觉得自己是个超牛的人，自己既有思想又有才华，而不只是一个区区所谓的才子。所以，他总是担心人们夸得不够，每当人们夸他的时候，他恨不得跟人家上一堂课，教他怎样来夸自己。

我们将在后面来见识一番他的牛 X。

（十三）七岁

“七”是一个神奇的数字，当这个数字在大西洋旁边的欧洲出生的时候，人们就把一个星期定为七天。当这个“七”字坐飞机飞到太平洋旁边亚洲的中国，同样非常神奇。

为什么天上的仙女就是七个？为什么让人写诗要限制在七步之内？为什么喝的毒药就要在七步倒下……其实，这些还都不神奇，“七”这个数字在中国最神奇的地方，是它与中国的才子紧密地绑在一起。

唐代的骆宾王在七岁的时候就为我们现在的小学语文课本写了一首诗——《咏鹅》：

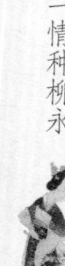

鹅、鹅、鹅，
曲 项 向 天 歌。
白 毛 浮 绿 水，
红 掌 拨 清 波。

比柳永大了差不多20岁的寇准，也是在七岁登华山的时候就写出了流传千年的诗歌《华山》：

只有天在上，更无山与齐。
举头红日近，俯首白云低。

岳飞七岁的时候，写的诗啊，真是叫牛X，虽然我一向还比较自负，但是看了他七岁写的诗，倒真是让我感到有一点点自卑。题目居然是《岳飞七岁赋诗》，我们看看吧：

投笔由来羡虎头，须教谈笑觅封侯。
胸中浩气凌霄汉，腰下青萍射斗牛。
英雄自合调羹鼎，云龙风虎自相投。
功名未遂男儿志，一在时人笑敝裘。

还有李贺、杜甫，据说都是七岁就能写诗，就连初唐时期的王勃和我都认为中国那些神童才子都是七岁表现出来的。当然，有的可能是吹牛，因为现实并没有留下他们七岁的诗作。

尤其是杜甫（杜甫在唐代一点都不出名后来才出名的），他自己说自己七岁就能写诗作文，但是他没有拿出过证据。而且看他这个人的性格气质，应该属于那种刻苦磨炼的晚成之器。实际上，他那时一点都不出名，见了当时的当红诗人李白一面，就没日没夜地写诗来表达对他的思念。然而，李白好像不认识他似的，对他根本就没有一点感觉，你能找出李白思念杜甫的诗歌吗？

而然，很不幸的是，我们的永哥，这个大才子，被怀孕的时候，柳阿姨没有吞月亮的梦；在出生的时候，天上又没有闪出霞光万道；抓周的时候，也没有抓到圣贤书。一直到了七岁，居然也没有写出惊人的诗文。

呜呼哀哉！柳永啊柳永，我真是替你感到……不过，说实话吧，我七岁的时候，连汉语拼音都弄不明白。

好在 15 岁（公元 998 年）的时候，在历史上那些 N 牛的同事们的嘲笑下，柳永终于为自己在文化圈里扳回来了一点面子。

（十四）作诗

在鹅子峰峰顶上的“中峰寺”，乡间一直流传着“伏虎禅师”的故事。

唐代景福元年，五夫里一带经常有老虎出山伤害过往行人，山民都想捕杀老虎，但都难以奏效，老虎伤人的现象越来越频繁，弄得老百姓苦不堪言，日常生活战战兢兢。

那时，一名叫行儒的禅师居住在“中峰寺”里，他武功高强，威名远播。出家人慈悲为怀，想为百姓消除虎患，可是出家人却又不肯杀生——因为杀生是佛教的五大禁忌之首。

于是，他想出了以自己“禅心伏虎”之法——这个方法还真有点玄乎。

也许这个世界真的有特异功能吧，他居然内心“顿生一虎”之念，俨然蹲在虎前，据说这样就把猛虎给制服了。从此，这一带老虎不再伤人了，老百姓甚至都能够与虎相伴，达到了人与自然的和谐相处。

后来人们就称行儒禅师为“伏虎禅师”，同时也在寺庙里建了一座坛，取名叫“伏虎坛”。

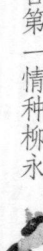

小柳永对这个故事听得太熟了，可是一直都呆在家里读书，很少去过，突然，有一天又听到人们谈起了这个故事，柳永终于按捺不住了。

他独自奔往“中峰寺”，只见“伏虎坛”仍然存在，这位禅师同样有早年“行儒禅师”的功夫，也很有威望。他早就听闻柳同学的大名了，对柳同学十分敬重。见他首次造访“中峰寺”，便要他为寺院题诗，柳永同学也不客气，便挥笔题写了《题中峰寺》（清康熙《崇安县志》艺术篇）：

板萝蹑石路崔嵬，千万峰中梵室开。
僧向半天为世界，眼有平地起风雷。
猿偷晓果升松去，竹逗清流入槛来。
旬月经游殊不厌，欲归回首更迟回。

禅师见他年纪轻轻，却如此出手不凡，于是倍加欣赏，当场承诺柳永日后可经常进出寺院经堂。

小朋友，诗歌写得相当不错哦，以后有时间想来就来。

从此，这座普通的寺庙，就因这个小孩的一首诗在武夷山广大的寺庙中扬名。

多少年后，他的一个老乡怀着一种对明星的崇高敬意，前来瞻仰这首诗歌，只恨没有拍张照片留下纪念。这位老乡后来成了大师级人物，他的名字叫朱熹。

4. 传奇故事——人家基因好没办法

（一）鳖精

柳永除了认真读书，刻苦练字，他的思想品德也学得相当不错，他知道爱祖国，爱人民，爱封建主义旧中国。当然，他们那时候不提倡爱科学，不提倡参加体力劳动，不过提倡爱文学，鼓励从事脑力劳动。此外，柳永也知道要做个见义勇为的好孩子，并且懂得了以民为本的道理。每天的早读，总是跑不掉那几句话：民为贵，社稷次之，君为轻。

自从出去玩了几趟之后，随着年纪的增长，柳永越来越贪玩，虽然他懂得伟人说的话“谦虚使人进步，骄傲使人落后”，因为他早就读过《尚书》里面的话：满招损，谦受益。但是他约束不住自己，他越来越爱出风头了，但是他不这样认为，他认为这是高尚的道德行为，是仁人君子的具体表现。

是他生怕别人不知道自己的聪明智慧，大概他也觉得自己学富几车，才华横溢灵气竖飞，已经学饱了。所以他想做个像乔峰和郭靖那样的大侠，开始打抱不平。当然，用有些人的话来说，这又叫多管闲事。

我就爱多管闲事，看你怎么样？

柳永扬起眉毛，把那句“各人自扫门前雪，莫管他人瓦上霜”一脚给踏进了烂泥坑里。

有一天，柳永又偷偷地和同学一起进城游玩，走到一座叫庆余桥的桥头时，看到县衙张贴了一张告示：

近日在庆余桥头有“鳖精”奇事出现，此“鳖精”每每趁天未明便化作“矮黑汉子”坐在桥头专门等候赶集乡人，遇到挑着田鸡、谷栋、鱼虾经过者，便鼓起一阵“妖风”迷人双眼，然后卷物而去，害得进城乡人屡屡遭殃，可恶之极！如有能够扫除“鳖精”之害者，县衙必有重赏。

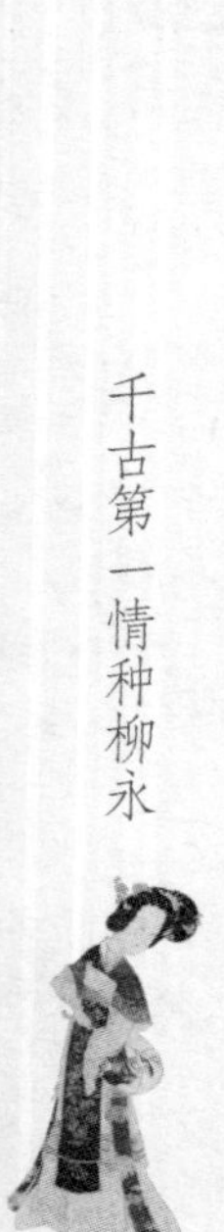

柳永瞧了瞧日期，只见告示已贴出三天了，于是哈哈大笑，说，我有办法除此“鳖精”，说罢便去揭告示。

旁边同学怕他惹事，都劝他小心为宜。

柳永却对他们说，你们放心，我去县衙禀告之后，回头再与你们细说。

柳永把自己“扫除鳖精”的方案向县尉禀报，县尉同意了他的建议，并且暗中派捕头和两个衙役配合他。

柳永自己则也叫上那两三位同学“如此这般”地做着准备。

经过两天的事先准备，柳永和捕头以及同学等几个人，天蒙蒙亮就埋伏在桥头附近隐蔽处“守株待兔”。

可是连续两个早晨过去了，那个“鳖精”一直都没有出现，有人失去信心了，想退出。

可是柳永却坚持无论如何都要蹲守下去。

到了第三个早晨，乡下人又像过去一样过桥，这只“鳖精”果然开始行动了。

柳永凝神细看，只见一个身穿黑蓑衣，头戴龟壳帽的矮壮男人从桥下移步上来，然后坐在桥头一块大青石上。

这时天才刚刚亮，正好有一乡下人挑着一担鸡鹅兔鸭之类的东西走过庆余桥。

那“鳖精”便故伎重演，赶紧摇动手中的猪皮鼓风袋向人喷气，然后自己就朝天大吼一声，吓得那人扔掉担子狂奔不已，只恨自己爹娘少给他长了两条腿。

而这“鳖精”以为又像以往一样，可以慢慢地把这些东西弄到崇阳溪边去了。

当他正要脱掉蓑衣的时候，柳永他们立即向“鳖精”撒下特制的“罗网”，这时刚好天也已经亮了，“鳖精”的原形也自然完全毕露。

捕头大声朝那矮胖男子喊道：“打铁佬，你放着好好的打铁生意不做，却要装神弄鬼侵害乡人掠夺财物，按照大宋刑法你已构成犯罪，本捕头奉县尉之命，同柳公子前来拿你归案，你可有话说？”

这“鳖精”案子破后，柳永不仅获得了县衙奖赏，全县人都知道柳公子胆识过人智慧非凡，敢于为民除害。只是那时没有新闻媒体，也没有网络，因而这则新闻的价值就被埋没了。

（二）宋铁

有一位总理告诉我们，在中国这块广阔的大地上，什么事情都能发生。这不，柳永展示才华的机会又来了。

放学了，柳永和同学经过县城墙根时，听见两个轿夫在那里哭诉。

“天底下没见过这么黑心的财主，坐了整整一个月的轿子，连一文钱都不给，还说他是按‘合约’办事的。”

“他这分明是欺负咱们俩不认字嘛，要是有读书人帮帮我们，事情就能解决了。”

柳永感到十分好奇，连忙迎上前去道：“在下柳永，敢问父老有何冤情？鄙人愿效犬马之力。”

“城东财主宋铁，要我们签下为他抬轿一个月的合约，我们想天天都有生意干，自然高兴了，可是我们给他抬了整整三十天轿后，他却一文钱都不付给我们，还说他是按‘双方合约’办事的。”

“敢问能否把合约借在下一阅？”

“看看便又何妨？”

上面这样写道：

本老爷的房子距离门面有二里路，两个轿夫每天抬轿二里路，月付二两银子，若是不足二里，就算免费。

“在这一个月里，宋铁每天都坐轿，但他都不肯在自己店前下轿，而是离店铺还有几步的地方下轿，开始我们俩以为财主可怜我们抬得辛苦，提前下了轿，却原来他是要赖我们的工钱啊。”

柳永听后，气从心头出，恶向胆边生，潜藏在心底的侠客豪气顿时直冲云霄，于是开始发飙了。

“宋铁富甲一方，为富不仁，实在可恶！两位老人家不要担心，柳某自有办法还你公道。”

柳永于是将此事向县尉禀报，请求给予公道解决。

县尉了解柳永一心想为穷人做好事，特别是上回他揭榜为民除去“鳖精”之害后，万分器重，于是便同意了他出的点子。

这天，正好是宋铁五十大寿，送礼贺寿的人络绎不绝，就像今天那些公务员的人家办喜事一样。柳永与同学也带着贺礼赶热闹来了。

“柳某受县尉之托前来贺寿，恭祝福如东海长流水，寿比南山不老松。”

这宋富豪一听，是县尉派来的使者，脸上流露诚惶诚恐的得意之色，恭恭敬敬，笑语盈盈，双手接过礼物。

“您请上座，快快上茶！”说着便要把礼物转交给身边的家童。

“且慢，阁下不妨当面把县尉大人的礼物打开，也让小弟见识见识，也不枉今日之行。”

“这……好……好好好，打开打开，快快打开。”

家童把包装拆开，一只“铁公鸡”赫然挺立客厅。

宋铁满心狐疑，县尉怎会送给我这样的礼物呢？

“宋老爷乃聪明之人，应该懂得此礼究竟何意？”

宋铁的智商也不低，本是对县尉送礼感到非常惊异，此刻又见柳永放出话来，也就心知肚明了。立刻羞愧难当，仿佛被人脱光了衣服一般，害得脸上的天气变幻莫测，一会儿红，一会儿白，一会儿青，一会儿紫……

当然，老子宋铁也不是他娘的孬种！

宋铁从家童手中夺过礼物，两手颤了两颤，一发狠劲，一把摔在地上。

柳永趁机发威，道："宋老爷，你好不懂规矩，把县尉大人的礼物当场摔掉，难道你嫌礼物轻么？"

……

宋铁是个百万富翁，对那些官员自是不屑一顾，但是他知道自己是玩不过政府的，于是立马吩咐管家付给那两个轿夫二两银子。

柳帅哥在县城打响了第二炮。

可惜，没有记者的跟踪采访，柳大才子很快就被默默无闻了。

（三）境界

小时候的柳永喜欢思考一些古怪的问题，也喜欢到中峰寺去和禅师交流，他们看到柳永勤学好问，也乐于回答他的问题。今天的大学教授倒是秉持着庙中禅师的风范，只是那些大学的很多学生已经不再学习不再思考了。

"请问大师，人生如何才能获得最高境界？"

这问题问得有深度，只是柳永身边没有同学，没人为他鼓掌。

禅师告诉他说："第一境界是'落叶空满山，何处寻芳迹'，第二境界是'空山无人，水流花开'第三境界是'万古长空，一朝风月'。"

柳永听得一愣一愣的，似懂非懂，于是，扭扭捏捏地继续追问这每一境界到底如何解释。

"小施主，落叶空满山，何处寻芳迹？指的乃是人生的第一境界，满山的落叶，你究竟想要哪一片呢？你想要追求的东

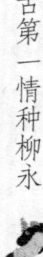

西是什么呢？”

“那第二境界呢？”

“空山无人，水流花开。指的是人生的第二境界，我开我的花，我流我的水，管你有没有人，与我无关。我只是用心做我自己的事情。”

“第三境界呢？”

“万古长空，一朝风月。乃是第三境界。人生何其短暂，只有超越时空的限制，才能和天地同在。难啊难！小施主，你懂了吗？”“谢谢大师，懂了！”

的确，柳永懂了，他 真的懂了。他的人生轨迹就是按照这三重境界逐步发展过去的。

5. 叛逆的少年——这家伙将来怎么得了

（一）逃学

时光“哧哧”地流失，柳永已经长成十几岁的小伙子了，任凭那些圣贤书的内涵多么高深，却无论如何也阻挡不住青春期的到来。曾经长时间被称为“小乖乖”的柳永现在变得越来越不乖了。

他和班上的一些同学，开始偷偷地逃课，躲学。其实，逃出学校之后，他们也不知道到底想做些什么，有时候跑到中峰寺去玩，有时候一直跑到武夷山上去。而有的时候，就是随便跑到河边去走走，打打水漂，有时候干脆就哪儿也不去，就找一块人迹罕至的草地，躺在那儿，看看蓝天白云，看看青山绿水。

这一天，还没有放学，柳永就偷偷地望了望前面的老师，只见老师两手背在身后，两眼望着天花板。于是，趁其不注意，一溜烟就跑了出去。

出了教室门，就不知道往哪里跑了，他放慢了脚步，一边走一边想：到那儿去呢，唉，要是把同学也叫出来就好了，一个人多没有意思啊！

柳永沿着小河走了很长一段时间，突然又想起了中峰寺。

还是去中峰寺吧。

其实，你逃什么逃呢，特没意思。我小学的时候就逃过，一边感觉找不到地方去，还一边担心着班长记我的名字呢！

（二）诗余

不知不觉就到了中峰寺，刚一进门，庙里的和尚就笑呵呵地招呼。

才子同学，怎么今天又来这里玩了，没有上课啊！

哦……今天……今天老师有事，提前放学了。

你来看看这首词，一个有名的作家写的，你看看写得怎么样？

柳永跟着和尚进了会客室，和尚从书架上抽出一张纸，上面写着这样一些文字（无名氏《眉峰碧》）：

蹙破眉峰碧。纤手还重执。镇日相看未足时，忍便使，鸳鸯只！

薄暮投孤驿，风雨愁通夕。窗外芭蕉窗里人，分明叶上心头滴。

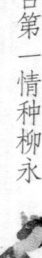

柳永看了看，只见这篇文学作品有点像诗，却又不太像，句子不太整齐。

这是什么文学体裁？这是诗歌吗？

这哪算得上是诗歌啊！这叫诗余，有的人叫它长短句，还有的人称它为“词”，那些写不来诗歌的人才会写这玩意呢，这是一个小市民写了放在这里的，我也没有怎么看。

不过我觉得写得挺好，的确挺好的，表达出了作者真实的感情。

这哪能跟你写得诗相比啊，你写的诗歌那才叫棒呢？

不，这篇东西写得的确很好，我很喜欢。

学生，我老人家跟你说句实在的话吧，千万不要学这个没有出息的东西。要学就要学点真本事，学写诗歌。你前些日子写的诗歌不是很不错吗？

你把它送给我可以吗？我喜欢。

这东西没有什么用，你要就拿去吧，我早上还差点扔进垃圾桶了呢。

的确，这种文学体裁是被人看不起的，无论内涵多么丰富，无论哲理多么深厚。因为这种文学体裁来源于唐代歌手唱的歌词，而歌星和演员在古代的地位是非常底下的，甚至可以说是非常卑贱的，要是赵本山和周杰伦跑到唐宋年间去，哎！那就让他们见鬼去吧，估计汴京城的犀利哥都看不起他们呢。

所以从他们那里传来的东西自然也好不到那里去。

人们称它为小道，是诗人的余事，甚至文人自己也看不起这种作品。

予少时汩于世俗，颇有所为，晚而悔之，然渔歌菱唱犹不能止；今绝笔已数年，念旧作终不可掩，因书其首以识吾过。

陆游同志在晚年出书的时候，自己检讨自己说：我小的时候不懂事，喜欢追求时髦，所以写了一些这样的垃圾东西，长大些后，终于懂事了，我后悔了……

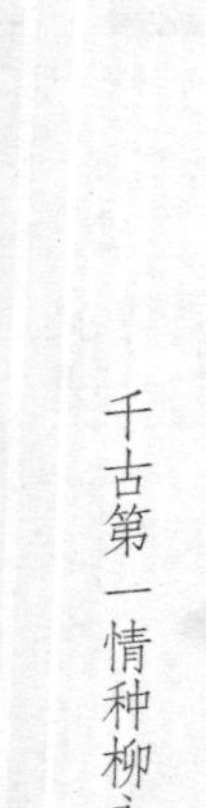

正是这首《眉峰碧》与柳永的相遇，使得词终于登上中国文学的高贵厅堂，否则它就只能躲在市井的角落里，仰望着那座熠熠生辉的诗歌顶峰。

是的，宋词要感谢《眉峰碧》，《眉峰碧》要感谢柳永。

不管它了，我们的故事继续。

和尚问：你说它写得好，那你知道它在写什么吗？

这是一首爱情词，写对自己喜欢的女子的思念。

这么小就懂得爱情了啊！

柳永一直只记得“出家人不打诳语”，但是没有想到这个出家人居然会开玩笑。

柳永顿时就羞红了脸，一时无言以对。

是的，这小伙子那懵懂的青春意识开始萌发了。

我们等着瞧吧！

（三）写词

柳永对这首词，格外钟爱，看了一遍又一遍，他觉得词比诗歌有意思多了。于是，他就把这首词贴在自己房间的墙壁上，读了一遍又是一遍，直到背得滚瓜烂熟。最后终于懂得了填词的章法。

可是他对这还不满足，他还想写出其他不同的词。于是，他又偷偷到城里去买了一本词集。这本书叫《花间集》，这是各个作家的作品选集。其中有个最牛的作家叫温庭筠，这位同志我们可能不陌生，他还在我的初中语文课本上写了一首《望江南》：

梳洗罢，独倚望江楼。
过尽千帆皆不是，斜晖脉脉水悠悠。
肠断白蘋洲。

当年，我们语文老师除了让我们背诵之外，还喜欢给我们出这样的考题：“肠断白蘋洲”这句是否可以去掉？

我至今还没有弄明白，可以去掉吗？

这本《花间词》就成了柳永的课外书，上课下课他总是独自趴在课桌上，研究他的词。这像我读初中的时候，一些学生在上物理课或是化学课的时候一心去研究他的金庸和古龙，跟那些浸泡在玄幻小说或是穿越小说的中学生一样着迷。

他一边读，一边也练习写，他觉得那些词比诗好多了，因为他觉得词不要求像诗歌那么整齐，有的句子长些，有的句子短些（实际没有那么简单，他还小不懂）。

当然，他写的这些词，艺术性比较差，所以既没有同学喜欢，更没有老师欣赏。所以，一首都没有流传下来。

但是，天赋就是兴趣，兴趣就是天赋。柳永将用他的生活来证明这句话。

（四）游玩

三兄弟，一头扎在书堆里，勤学苦读，从来都没有出去玩过，甚至想的念头都没有产生过，可以说，这种教育简直到了摧残人性的地步，距离以人为本的理念相差太多太远。

想连家乡素有“风景奇秀甲天下”的武夷山都没有游玩过，说出去真是太不像话的，只是在临进京之前，柳永才壮着胆子提出游玩的想法。

没想到妈妈居然慷慨地答应了，爽直的态度让柳永感到那是幻觉，他呆呆地站在地上，静静地望着妈妈，眼睛出发疑问的目光。

因为他在提出之前犹豫了好一阵子，等待着妈妈的千推万阻，自己将费尽唇舌来劝说妈妈。而且他的劝说词都准备好了：

等我们游玩武夷山后，我们一定呆在家里好好看书，认真背书，积极备考，哪儿也不去，一会儿都不玩。求你了，妈妈，求你了，妈妈……

没想到，自己准备的这些词句一句都没用上，全部浪费了。

柳妈妈笑了笑：怎么啦，玩就玩呗，只是要注意安全，上山要小心，走慢点，不要跑，更不能打闹。早点去，早点回，知道吗？

适当的放松是为了更好地学习，看来一千年前的柳阿姨都懂了，为什么那些中学老师就不懂呢？那些逼着孩子参加奥赛班和钢琴班的父母就不懂呢？

柳永高兴得裂开了嘴，一撒腿就往书房里面跑，到书房给两个哥哥报喜去了。

武夷山景色优美，风光秀丽。柳家三位少爷流连于山水之间，乐不思归。

柳永更是灵感勃发，思如泉涌。他秀口一吐，便是好词一首（《巫山一段云》第一首）：

六六真游洞，三三物外天。
九班麟隐破非烟，何处按云轩。
昨天麻姑陪宴，又话蓬莱清浅。
几回山脚弄云涛，仿佛见金鳌。

这首词到底写什么呢？有人说“六六”指的是武夷山的三十六峰，那“三三”指的是武夷山的九曲溪，也有人说，那“六六”指的是三十六洞天，那“三三”指的是九天。反正都是在写武夷山，大自然的美景，美丽的神话故事，彼此相映成趣，勾勒出了武夷山水的奇幻与旖旎（二十多年后又写了类似的词）。

董仲舒老师告诉我们说诗无达诂，也拿不准它到底该如何解释，管它呢，反正当时的读者看了之后，一个个惊呼：这么小就会写词(填词)，真不愧是鹅子峰下一支笔，太他妈牛X了！天才天才，神童神童，将来一定是个诗人，是个大作家。

6. 早恋的问题少年——古人喜欢早婚早育

（一）美女

柳永一方面刻苦学习，但是同时也非常好玩，又是一次偶然的闲暇，当然不能白白错过，柳永又去城里游玩了，这次遇到了一位让他怦然心动的美女，甚至可以用杜甫那句诗来形容一下：决眦入归鸟，荡胸生层云。这句诗的神韵你能领悟吗？QQ 里面有一个两只眼睛突出来的表情，正好可以形容。

所以我们就采用工笔进行细描吧！

出发前当然得打扮一番了，要知道那时候的男人流行长发，不过不是现在的女生那种长发飘飘，洗头发也不是一件简单的事。

估计那时没有像飘柔或是海飞丝一样的东西，反正柳帅哥把自己的秀发洗了一次又一次，然后把头发拧干，盘好插上簪子，带上流行的帽子，选了自己喜欢的那件白色的外套。临行前，还跑到书房去拿了把扇子。

摇摇摆摆的，我们的才子出发了！

城里自然是热闹非凡，吆喝叫卖之声不绝于耳，人潮滚滚，川流不息。那些人脚步显然比柳帅哥的步伐匆忙和鲁莽。只有柳大帅哥加上柳大才子加上柳大少侠格外引人瞩目。

你可以想象一下，电视剧里面的男主角出场的时候，该是什么样子，我们的柳永就是什么样子，估计就是影帝郭富城也模仿不出他的自信，从容，气质，洒脱，睿智……

他两只发亮的大眼睛带着一丝微弱的微笑和一丝微弱的忧愁，淡淡地望着这个世界，好像能够看穿这个世界的一切，目光中含有对宇宙苍生的悲悯和对紫陌红尘的爱恋。柔和的目光带有锐利的智谋，仿佛这双眼睛是看破红成后而呈现的拈花一笑。

他走在路上，连日来莫名的伤感和烦恼，使得他的情绪格外低落，一路望去，那些服装店、食品店、都引不起他的兴趣。

到底到哪儿去呢？

柳永开始低头寻思……

走着走着，突然一声尖叫闯进了自己的耳朵。

柳永抬头一看，原来不小心撞着了身前的一位卖花美女，她回头一望……

估计你已经猜想到下面要发生什么了！

是的，的确就像你想的一样，时间在此定格了。

本是恼恨不悦的美女突然变为嫣然一笑，仿佛天女撒下的花朵，在人间飘飘洒洒。

而柳大帅哥正面迎视，只见眼前竟是一个超级美女，被电得七荤八素，这时可以借用中国古典小说的那个句子来形容了：魂飞霄汉九千里，魄绕山河十万重。

我们的故事暂时打住，先让他们尽情对视吧！

（二）介绍

此女住在距离崇安城不远的郊区，住的房子十分简陋，不是楼房，按照今天的标准，估计算是危房。

房子背后是一座山，青山绿树，红花白云，一年四季围绕着这间危房。家门前不远处是一条小溪，溪水清澈见底，潺潺而流。让今天的那些所谓的自然风景区都要感到自卑。

也许真的是因为“采天地之雨露，受日月之精华”吧！这女孩长得的确是标致。

她父母都是老实巴交的农民，（不过从她的容貌和气质来看她的祖辈应该很牛 X）当然不是什么大家闺秀，更不是城市剩女。当然也不能用小家碧玉来形容她。

如果真的要来一个整体的形容，那就得把大家闺秀进行溶解，再把小家碧玉进行溶解，然后把这两种溶液进行混合之后进行沉淀。最后的结晶就是她了。结晶里面包含着纯情、善良、温柔、聪明、高尚、幽雅……

也许你觉得我掉了一个词语：漂亮。

说实话吧，“漂亮”这个词语实在太庸俗了，我怕玷污了她。

每天一大清早，她就踏着露水上山去采花，然后到城里去卖，卖完了花就帮爸爸妈妈买点礼物，然后就高兴地回家了。而不是像现在的一些女生那样，手里有了点钱就去做面膜，去KTV，或是去溜冰……

（三）继续

好了！帅哥美女的深情对视应该结束了！

柳大帅哥的心情也顿时由愁云密布变为清空万里。他正要对前面的美女连声说 sorry，却不料美女脸上竟然飘过一丝歉意，一张秀口吐出温婉的声音。

公子，对不起！

柳永正准备被人臭骂一顿呢，没有想到居然变换了主客的位置，于是连忙羞愧地弯下身子，帮美女拾起被撞落的鲜花。

而美女也刚好弯腰下去，一不小心，又发生了我们在电视上看到的很熟悉的场景。

是的，一不小心，两只手碰到了一起，不但如此，接着又是一个我们很熟悉的场景：四目相对。

时间再次在此定格。

……

柳永占了人家女孩的便宜却不自觉，惹得人家女孩羞怯地抽回手，顿时就羞云满面，把头歪向一边，随即站起身来，迈着细小的步伐向前走去。

不愧是峨子峰下一支笔，柳大才子面对此情此景，顿时诗兴大发——不对，应该说诗兴小发，因为毕竟还没有到能够作诗的地步，只是随口来了两句：关关雎鸠，在河之洲，窈窕淑女，君子好逑……

痴痴地望着美女飘然远去，留下一个背影让自己尽情玩味。

柳帅哥呆呆地望了望自己的手，似乎还留有卖花女手上的余香，他伸到鼻子旁边闻了闻，仿佛那种香气更浓了……

莫非这预示着什么？难道就这样白白放过大美女了？

柳永，你甘心吗？是我，打死都不甘心！

（四）等待

自从遇到这个美女之后，脑海里总是浮现出她的身影，柳永真的变得就魂不守舍了。

上课的时候，什么也听不进去，老师提问，他还要问老师：请问老师的问题是什么？

走路的时候，动不动就一个趔趄，仿佛连走路都不会了。

晚上刚躺下去就有一张面庞浮现出来。

真是痛苦啊！

难道不采取些什么措施吗？难道就这样一直拖下去吗？

不！

我们的小勇士终于突破了心底的防线，开始发动进攻了！

柳永作出了有生以来第一个伟大的决定，他决定到城里去寻找这个梦中情人。否则每天念着想着，神不守舍的也不是个事儿。

去吧！恋爱是世界上最美妙的事情。

柳永穿来走去,差不多走遍了崇安城里的每一条大街小巷，可就是没有找到梦姑的一丝足迹。

望着西下的夕阳，柳永一脸茫然！

爱情是可遇而不可求的，听天由命吧！

罢了，罢了，我罢个屁！

没想到柳大才子又产生了一个惊天动地的想法，即使是在所谓思想开放的今天，也很少有人有这样的冲动和想法。这件事情足以让那些以个性自我标榜的 80 后、90 后青少年感到羞愧。

什么事？一个字：等！

柳永想到那天是在早上遇到那个美女的，想必她每天都是早上出来卖花的。

一大早，柳永就跑到城里去了，站在那儿等着美女，看你往哪里跑？

在上次见面的那个地方，他来来去去，前后张望，但有的只是那些熟悉的陌生人。

众里寻他千百度，苦苦寻求，那人究竟在何处？

（五）逮住

一天，没人！

两天，没人！

三天，没人！

……

我的心像烈火一样地燃烧，却感受不到爱情的呼吸！

柳永失望了！

忘记她吗？

忘记……哎……还是去碰碰运气吧！

柳帅哥决定最后去看一次。

要知道这是最后一次，无论结果如何，总归是有纪念意义的。所以，我们就浓墨重彩地来记叙这最后一次吧！

话说柳大帅哥，这天起得更早了，照例又是把头发洗了一遍，可惜没有啫喱水或发蜡，不然抹上一点，头发就更有型了。还是那个老发型。什么韩式发型，什么爆炸头，他见都没有见过，所以根本就想不到。

满头青丝，一袭白衣，超大的袖口，走起路来，腋下生风。柳永喜欢穿这种宽大的白色衣服（直到老都是），他穿起来显得气度非凡，才气映日。

旭日东升，仿佛是专为迎接柳永而升起的，出了门就向城里奔去，一路走去，脚下生风，衣带飘飘。

路上没有行人，一片冷清，柳永的心也颇为沉静。他站在路上，专候伊人的到来。

我就这样等着，看你往哪里飞？

时间一秒一秒地流逝，大街上依稀出现了一些行人，他身上没有手机，也没有手表，当然不知道到底等候了多长时间。

终于等得有些心浮气躁了，柳永东张西望前顾后盼，可是哪儿有她的影子。

还等吗？

等！

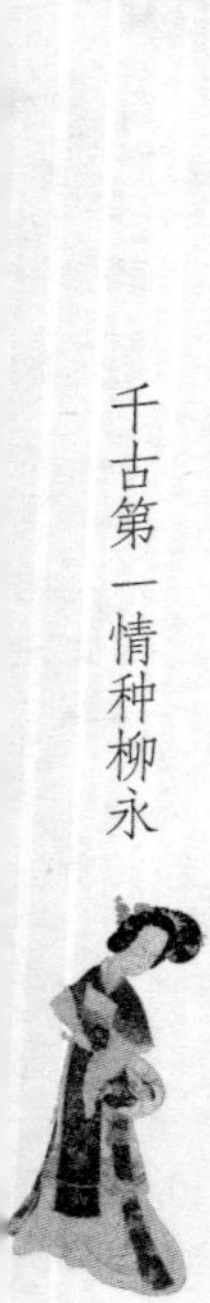

看来柳永不等到她出现，就再也不离开这里了。就像古装电视剧里面求人家帮忙的句子：你不答应我就永跪不起。

只不过柳永是永站不走罢了。

“柳永，快迟到了，还不上学？”

柳永吓了一跳，抬头发现是赶往学校上课的同学。

“我有点事，你先去吧。”

前顾后盼！东张西望！

太阳已经升得很高了，路上的行人熙熙攘攘。

绝望即将战胜希望！

柳永走吧，上课吧，没有希望了！

是的，没希望了！

柳永迈开脚步，转身一抬头，没想到奇迹出现了：

最是那一低头的温柔，像一朵水莲花不胜凉风的娇羞……

只见对面的女孩手挽一篮鲜花，轻迈细步翩翩而来，见到柳大帅哥，不由得一时羞怯，脸上的红云飘了出来。

柳帅哥顿时就被电晕了，一时半会儿还没有回过神来，却不料这位女神简直就不懂事，居然像不认识他一样，与柳大帅哥擦肩而过。

柳大才子没有经过恋爱训练，一时不知如何操作，这下可急坏了，眼看她一路滑过，他急得口不择言。

站住！

这可把那小女子吓了一跳，她回过头来，一脸错愕地望着柳永。

面对此情此景，没有想到这位婉约派词人反而表现得格外的豪放。

我喜欢你！

真不愧是潇洒不羁的大才子，真不知道他的婉约劲儿都飘到哪儿去了，这样也未免太豪放了吧。

然而，就因为这句话，卖花女被柳永给诱惑了，而且在三个月后，由一个陌路人变成了自己老婆，她的名字叫什么，历史上没有流传下来，我们姑且称她为“嫣然”吧。

记得我读初中的时候，喜欢上班上的一个女生（校花级），可是腼腆羞涩的我一直都没敢说！哎，后悔啊！

（六）好奇

关关雎鸠，在河之洲。
窈窕淑女，君子好逑。
参差荇菜，左右流之。
窈窕淑女，寤寐求之。
………

近来，柳永老喜欢读这首诗，柳阿姨感觉这情况不对，莫非这家伙有心思了，这高考的时间马上就到了，可不能分神呐！可是，柳阿姨又不好意思去问柳永。

每天放学回家后，柳永进门就把房门给关上了，而且回家后都懒得跟妈妈打个招呼。

柳阿姨发觉这孩子越来越奇怪了！不知道他的葫芦里到底装的什么药？

然而柳阿姨肚子里的好奇心渐渐地发酵，终于撑破了肚皮，她再也忍耐不住了，偷偷靠近房门去偷窥。

没有想到的是，柳永刚好从房子里出来，推开们便把柳阿姨撞了个正着。

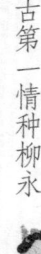

What are you doing?

当然，柳永没有学英语，说不出这样的句子。但是当时说话的意思是一个样。

也不愧是闻名乡里的才子，懂的东西实在是多。

你这样做是不对的，这是隐私，偷窥人家的隐私是不对的！

柳阿姨被儿子说得一愣一愣，心里本是不安，却没有想到又劈头被儿子闷了两句。

不过柳阿姨也的确算是一位模范妈妈，她没有像现在的那些无知的家长一样，以一种居高临下的姿态借题发挥教训儿子，而是进行了青春期心理卫生的科学教育。

柳永，我承认妈妈的做法是错误的，但是作为父母有监督孩子的职责。我看你最近总是怪怪的，放学回家不跟我打招呼，进了房间就把房门关得紧紧的，我想知道你是不是有什么心事。

可怜的柳永，从小到大就没有学会撒谎，也不愧他神童的称号，居然不教而会。

没有！我是想不久就要去京城参加考试了，所以就想更加用心地复习功课。

真是不撒谎则已，撒起来就要谎死人！

那我最近为什么总是听到你读书，什么关关雎鸠在河之洲，什么窈窕淑女君子好逑，这是啥意思？

柳永被这百密一疏抢得头脑发昏。

这个……没有……我没有……

有道是姜是老的辣，柳大才子虽然为自己的撒谎能力而骄傲，但柳阿姨早就心知肚明。

小子，你等着吧！老娘迟早拆穿你的谜底！

（七）门第

柳永常常跑去陪嫣然一起卖花，借助这个机会，两人的感情迅速升温，柳永陶醉在美好的幻想之中。

这就像我上大学的时候，人家都称我是第一才子，所以我就幻想学校的第一校花会死去活来的爱上我一样。虽然整体感觉是郎才女貌天造地设。但是现实往往不是那么回事，甚至完全相反。

柳永和嫣然卖完花，帮嫣然提着空篮子，当然卖花的钱嫣然也没有请柳永喝珍珠奶茶。

柳永聪明，反而自己掏钱去帮嫣然买手链。

正当两人牵手走过当铺店的时候，好戏出场了！

我们这里又需要细笔描绘一番，你慢慢玩赏吧！

柳阿姨一脸威仪，端端正正地站在前面，目不转睛地望着这对小鸳鸯。

柳永一看，顿时吓地魂飞魄散，连忙松开了嫣然的秀手——要是在平时恨不得见面就抢过来抓紧。

嫣然十分奇怪，抬起头来，看到前面这位阿姨，又望了望柳永那错愕的表情，心底有了个大概，霎时脸就红了。然而，涉世未深的她却不知道如何解围。

这种情况，一般不负责的女生就抢过花篮低着头一走了之，那种个性突出的女生见了未来的婆婆会帮助腼腆的男友解围，会说阿姨你好我是柳永的女朋友。

可是，这嫣然是一个责任心很强但是又比较传统的女孩，所以就只有一会儿望望柳阿姨，一会儿又望望柳永，不知所措。

跟我回去！

嫣然，你先回去吧，我再来找你。

……

那女孩是城里哪家的？姓什么？

她家不在城里在农村，姓龙。

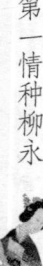

你怎么可以和这种人家的女孩混在一起，被你爹知道了那还得了。

我不管，我喜欢他。

要找女朋友也要找个媒人，也要找个门当户对的。

是的，这句话说道到点子上去了。

中国古代的婚姻讲的是父母之命、媒妁之言、门当户对。

而现在柳永居然搞起了自由恋爱，岂不乱套了，况且他们是门也不当户也不对。一个是书香门第的公子，一个是蓬门荜户的小女；一个是官员的儿子，一个是农民的女儿。

也许你觉得这样郎才女貌就是天造地设，实际上又错了，那时候还没有这个观念，郎才女貌的婚姻在元朝之后才被大家认可和接受。之前只有门当户对的说法，公务员的孩子只能跟公务员的孩子结婚，农民的孩子只能跟农民的孩子结婚。

而柳永的爱情观是八个字：才子佳人，天造地设。而且认为自己的爱情观是世界上最科学最先进的。

反了他了！北宋的吐沫会淹死他的。

（八）结婚

柳永一不小心，成了小勇士，一不小心就越过了道德的边界，家人没有办法，只好为这对小情人举办了婚礼。

婚礼是在长辈为他操办的。此时，柳永大约才 17 岁，嫣然才 15 岁。按照今天的标准都是未成年人，这对夫妇是不合法的，民政机关是不会给他们发结婚证的。

不过，那时候没有现在的规定要在成年之后再结婚，那时候成年之前就可以结婚。君不见那些皇帝都是 15 岁的时候就生了儿子。

这场婚礼推翻了封建礼教的金科玉律，展示出一个新时代男女的形象。

虽然今天的政府大力提倡晚婚晚育，但是古人却喜欢早婚早育，有的女孩 13 岁就嫁人了，有的男孩 15 岁就结婚了，所以你也不必太过大惊小怪了。

终于抱得美人归了，好家伙，柳永高兴的劲儿没有地方释放，赋词一首《玉女摇仙佩》，以表欢娱：

飞琼伴侣，偶别珠宫，未返神仙行缀。取次梳妆，寻常言语，有得几多姝丽。拟把名花比。恐旁人笑我，谈何容易。细思算、奇葩艳卉，惟是深红浅白而已。争如这多情，占得人间，千娇百媚。

须信画堂绣阁，皓月清风，忍把光阴轻弃。自古及今，佳人才子，少得当年双美。且恁相偎倚。未消得、怜我多才多艺。愿奶奶、兰人蕙性，枕前言下，表余深意。为盟誓。今生断不孤鸳被。

可惜的是，不像现在的学生，柳永同学写作文没有写题记的习惯，害的人们都认为这是写给一个青楼歌妓的。

呜呼哀哉！

（九）离乡

真宗咸平五年（公元 1002 年），柳永已经 19 岁了，学已经学饱了，婚也结了，总不能生个孩子再去考试吧！

考试的事情忘了吗？既然没忘，那还等什么？

柳永风华正茂，意气风发，对前途充满了无限的希望，对自己雄飞宇内的明天毫不怀疑。

进京！

第二章

风流潇洒的青年柳永

1. 迷途的小青年
——看看这花花世界

（一）别了

真宗咸平五年（公元1002年），19岁的柳永同学顺利通过了乡试，在全家人的热烈庆祝下，柳永跨出了故乡的大门，前往东京参加进士考试。

柳永终有一天会衣锦还乡的，大家对这一点毫不怀疑，就连柳永同学也是这样认为的，甚至可以说他远涉千里就是为了带着沉甸甸的荣耀回到故乡，以博得那虚荣本性的满足。然而，谁也没有想到，他这一脚跨出大门，就像他跟着叔叔从济州回到崇安一样，是没有买返程票的。这次，他既没有跨向遥远的京城，也没有实现最后的还乡。

永别了，美丽的五夫里，热闹的崇安县。

没有飞机，没有火车，也没有汽车，唯一先进的交通工具就是船，柳永同学坐上船，沿着水路而行，这是他第一次独自出远门，不像很多年轻人一样会顾虑重重，他没有丝毫的忧虑，他神情悠闲地阅览着造化的神功和人间的杰作。

其实，为了一睹天下的锦绣山河和美好风光，他早就想飞出五夫里了，只是没有人给他一双隐形的翅膀，因而一直等到了今天。

一边观赏风景，一边赶路吧，考试还远着呢，不急，不急！

（二）杭州

柳永优哉游哉地进入钱塘江，很快来到了杭州。北宋杭州是全国最大的工业城市，是全国手工业中心和商业中心，杭州就是北宋的上海。这里繁华的街市和美好的湖山都在等着他。

据说女大十八变，看来男大十九变了。柳永一到杭州便忘记了自己此行的目的，很快被这个花花世界所吸引，听歌，看舞，喝酒，旅游……一件一件地学会了，开始沉醉在歌楼酒馆之中，那个胸怀大志奋发图强的柳永同学消失了。

不是去旅游胜地游山玩水，就是去繁华街市听歌观舞，正当青春年少当然也少不了谈情说爱，可能有时也会喝酒赌博。

但是他的特长爱好就是游山玩水和听歌观舞，不过也正是这两样爱好成就了他在北宋的歌坛天王和今天的文坛泰斗的地位。

没有人管他，这里暂时就是我柳永的家了。

（三）孙何

柳永在杭州晃荡了一年，到了真宗咸平六年（公元 1003 年）不知道是由于钞票花完了，还是由于其他的什么原因，他突然想起了要见一个人，这个人就是杭州的老大——知州大人孙何。

孙何（公元 961 年—公元 1004 年）可是一个了不得的牛人，10 岁的时候就能够通晓音韵，15 岁的时候就能写出漂亮的文章，而且写起来还动不动就引经据典，把一些老师给看得一愣一愣。要是大宋三朝举办个全国新概念作文大赛，准能像韩寒郭敬明一样抱几个一等奖回家。

他与当时一个叫丁谓（后来当了副宰相）的同学齐名，历史上合称“孙丁”。相传孙何、丁谓同时参加科举考试，孙何同学考了第一名，而丁谓同学考了第四名。丁谓同学很有点不服气，于是跑到宋太宗赵匡义（又名赵光义）老师那里去理论，赵老师幽默地说：“甲乙丙丁嘛，你既然姓丁，考第四名也不冤枉，有啥好怨的？”

同时，他和我们前面认识的王禹偁同学是好朋友，王老师非常欣赏孙何同学。

孙何也有两个弟弟，大弟叫孙仅、二弟叫孙侑。这三兄弟也形成了一个组合，叫“荆门三凤”。这是北宋除了“柳氏三绝”这个超级组合之外的又一个著名组合。而且这个组合名单的取名都和“柳氏三绝”有相似之处，柳氏组合的成员名字都有一个“三”，而何氏组合的成员名字都有一个“人”。而孙何如同柳永一样，是这个组合的主将。

柳永与孙何的年龄足足相差 23 岁，柳永 7 岁跟爸爸去京城的时候，便和 31 岁的孙何一起在王禹偁老师门下游学，并且很快成了忘年之交。

在真宗咸平五年（公元 998 年），柳永同学 15 五岁的时候，柳永的叔叔柳宏就和孙何的弟弟孙仅一起参加进士考试，并且都考上了。于是，两家的交往就逐渐变得越来越密切。

（四）拜谒

可是，现在人家孙何同学已经是一州之长，堂堂的部级公务员，是你平头百姓想见就见的吗？他还记得我柳永这个同学吗？不过，他即使不记得我，也应该记得我老爸跟叔叔吧。

但是去的话，总不能两手空空地跑去吧，可是自己又没有钞票，也买不了什么礼物。对了，老何不是也喜欢文艺创作吗，他不是也常常写作诗词吗？就为他写一首词吧。

于是柳永同学经过认真的构思，反复的琢磨，以磅礴的激情，写下了一首气象宏大的《望海潮》：

东南形胜，三吴都会，钱塘自古繁华。烟柳画桥，风帘翠幕，参差十万人家。云树绕堤沙，怒涛卷霜雪，天堑无涯。市列珠玑，户盈罗绮，竞豪奢。

重湖叠巘清嘉，有三秋桂子，十里荷花。羌管弄晴，菱歌泛夜，嬉嬉钓叟莲娃。千骑拥高牙，乘醉听箫鼓，吟赏烟霞。异日图将好景，归去凤池夸。

柳永同学写完之后，读了一遍又是一遍，自我感觉良好，于是一丝满意的微笑飘过嘴角。

出发！

你好，我是孙大人的同学，我想见孙大人，请问能为我通报一声吗？

你叫什么名字？

我叫柳永，我是柳宜的儿子，还有柳宏是我叔叔。

孙大人很忙，平时不接待人，就是老赵来了都不见，还柳什么宜柳什么宏呢！

看来柳永过高地估量了自己的名气，也过高地看待了老爸和叔叔的地位。

毕竟读书人都有那么点自尊心，柳永也不好死皮赖脸地呆在门口不走，于是，就极度郁闷地走开了。

（五）楚楚

被人家拒绝了，难道就独自在那里纠结吗？

你柳永打小可就是“神童”，难道想不出一个办法吗？也许找朋友们出出点子也不错。

柳永的哥们能有什么人，也就是那些娱乐圈的姐姐妹妹们。是的，他第一个想到的人就是楚楚姐姐，此位何许人也？她是杭州地区青楼中的红牌女星，是杭州一张鲜活的名片。

柳永带着他的宝贝找楚楚姐姐去了，

楚楚姑娘，请你帮个忙好吗？

才子开口，楚楚自然是连忙答应。

我现在想见见我一个老朋友，就是知州孙大人，但是他家门禁很严，而且孙大人很忙，平时很少见客。

那你想我帮你做什么？

如果遇到孙府举行歌舞晚会的话，到时候他们一定会请你去唱歌的，你到时候就唱这我写给你的这首歌好吗？

这没问题，只有些不懂，为什么要我唱这首词。

如果孙大人问起这首词是谁写的，你就说是柳永写的就行了。如果他没有过问，你就见机行事，看能不能帮我引荐一下。

柳永等了好长时间，终于到了中秋佳节，孙府果然邀请楚楚姐姐去唱歌，于是楚楚就唱了这首《望海潮》，那美妙洪亮的歌喉，唱出了钱塘的繁华，唱出了老孙的政绩，把他唱得喜笑颜开，乐不可支。

楚楚姑娘唱的是首新词吧，怎么感觉非常陌生？

回大人的话，这是大才子柳永为奴家写的，特意奉于大人的。

什么，柳永……柳永在杭州。

于是邀请函马上就收到了，于是马上就成为座上宾了。

（六）效应

柳永同学的《望海潮》很快传扬出去，到了后来，这首词不但在国内广为传唱，而且一直传到了国外。

后来，远居北方的金国老大完颜亮同志听到歌女演唱这首《望海潮》，便对“三秋桂子，十里荷花”的西湖羡慕不止，因而产生了南侵之心——“投鞭江东之志”。

于是在不久的将来，他率领六十万大军找你柳永的《望海潮》了，于是“靖康之乱”开始了，于是宋徽宗宋钦宗两位仁兄被带到金国的最高军事审判庭去了，于是他们都死在了遥远的他乡。

当时有个叫谢处厚的，深怪柳永作词招祸，便写了一首诗埋怨他：

谁把杭州曲子讴，荷花十里桂三秋；
哪知卉木无情物，牵动长江万里愁。

今天的明星也会生发出很多的副效应，比如有的歌迷为了参加一位歌星的演唱会而盗窃啦，为了追求某位明星而自杀啦……但是这跟这位明星的副效应比起来，那真是天地悬殊。

哎！柳永同学，两位皇帝被你一首词给葬送了，你有亏吗？

当然如果还想远一点，你还是有点正效应的，毕竟为中国历史的民族英雄的催生做出了贡献，否则的话，也许正像韩愈老师所说的那样，岳飞同学恐怕就只能骈死于槽枥之间不以千里称也。

（七）追游

自从和孙何同学搭上线之后，柳永同学再也没有什么顾虑了，我向你老孙借钱你敢不借吗？你可以不给我柳永面子，也得给我老爸面子吧。

实际上柳永同学哪里需要借钱呢？火了之后，他就可以给青楼姐姐妹妹们投稿了，有的甚至还要向他约稿呢！于是他每天都过着《长寿乐》般的生活：

繁红嫩翠。艳阳景，妆点神州明媚。是处楼台，朱门院落，弦管新声腾沸。恣游人，无限驰骤，娇马车如水。竞寻芳选胜，归来向晚，起通衢近远，香尘细细。

太平世。少年时，忍把韶光轻弃。况有红妆，楚腰越艳，一笑千金何啻。向尊前，舞袖飘雪，歌响行云止。愿长绳，且把飞乌系。任好从容痛饮，谁能惜醉。

然而，好景不长，真宗景德二年（公元 1005 年），老赵派人给孙何送来了中央的任职文书，说要让他回京城干一个什么“判太常礼院”

老大要走了，当然要来个送别仪式，于是，那些同事和朋友都来为老大送别，柳永也凑上了这个热闹，他跟在大家屁股后面见彩喝彩见笑赔笑忙得不亦乐乎，最后柳永同学又发挥他的特长给老大写了一首《玉蝴蝶》：

渐觉芳郊明媚，夜来膏雨，一洒尘埃。满目浅桃深杏，露染风裁。银塘静，鱼鳞簟展；烟岫翠，龟甲屏开。殷晴雷。云中鼓吹，游遍蓬莱。

徘徊。隼旟前后，三千珠履，十二金钗。雅俗熙熙，下车成宴尽春台。好雍容，东山妓女；堪笑傲，北海尊罍。且追陪。凤池归去，那更重来。

然而孙何在柳永的仕途上，没有帮上柳永什么忙，因为他回到京城后，就在当年那肃杀的寒冬去世了。

（八）苏州

老同学离开了杭州，除了歌楼里的那些姐姐妹妹们，柳永便再也没有什么朋友了。反正在杭州已经玩了两三年了，想游的地方都游了，该去的地方都去了，继续留在这里也没有什么大意思了。

于是，柳永沿着汴河从杭州来到了苏州，苏州的姑苏城是柳永一直都牵挂着的，如今来了还不先睹为快。

虽然天气已经晚了，但是仍然阻挡不住柳永的兴致，于是独自租了一条小船，在夜幕降临的时分到达了目的地。

然而，这里已经什么都没有了，过去的高楼大厦，壮丽景色，什么都没有了。野草覆盖了道路，只有一堆堆荒芜的土丘寂寞地躺在那儿，一阵阵动物的凄叫让人胆寒。

这不是夫差的故国吗？如今竟然成了这个样子。

于是才子就开始想象了，想着想着就开始感叹了，唉，想那夫差当年没日没夜地筹划机谋，日日夜夜地跟人决战，没有想到最后还是输给了范蠡那个小子了……

回到旅社，拿出纸笔，柳永写下了这天的游记——《双声子》：

晚天萧索，断蓬踪迹，乘兴兰棹东游。三吴风景，姑苏台榭，牢落暮霭初收。夫差旧国。香径没，徒有荒丘。繁华处，悄无睹，惟闻麋鹿呦呦。

想当年，空运筹决战，图王取霸无休。江山如画，云涛烟浪，翻输范蠡扁舟。验前经旧史，嗟漫载，当日风流。斜阳暮草茫茫，尽成万古遗愁。

（九）扬州

柳永在苏州没有熟人，估计钞票不够花，于是很快就去扬州找他老爸去了。然而，柳宜已经升迁为工部侍郎，离开扬州去了汴京。

柳永几岁的时候曾经跟着老爸一起来过扬州，他那儿时的印象还非常深刻。路是熟悉的路，街是熟悉的街，就连那时候的一些门面都依然存在。

老爸不在倒还落得自由，于是柳永便肆无忌惮地地为所欲为了。

扬州可是盛产美女的地方，柳永一到扬州，就立即听说当地最有名的歌妓叫谢玉英，才子嘛，有的是手段，于是很快就联系上了，并且还见了面。真不愧是扬州第一美女，启齿展笑之间，就把柳永的魂儿给勾走了。于是写词一首，以表爱意：

是处小街斜巷，烂游花馆，连醉瑶卮。选得芳容端丽，冠绝吴姬。绛唇轻，笑歌尽雅；莲步稳，举措皆奇。出屏帏。倚风情态，约素腰肢。

当时。绮罗丛里，知名虽久，识面何迟。见了千花万柳，比并不如伊。未同欢，寸心暗许；欲话别，纤手重携。结前期。美人才子，合是相知。

他这首《玉蝴蝶》中有一句话影响了后世的婚姻观，那就是“美人才子，合是相知”。柳永同学认为郎才女貌就是天造地设的一对，什么父母之命媒妁之言全都是扯淡。

然而，柳永的老爸也知道柳永在路上耽误行程，于是就写信来催他了。

英英，等我考中进士之后马上就来接你，请你不要跟其他男的交往好吗？不过我不愿意干涉你的人身自由，但是交往的时候要保持一定的距离。好吗？

柳郎我发誓，从今之后我谁都不见了，我会每天都想你的，我会每天都盼望着你回来的。

照例又是彼此被感动得一塌糊涂抱了又抱，估计也会一阵狂吻吧！然后挥泪而别。

谢玉英刚刚和柳永分别的时候，果然还重情重义杜门谢客。可是过了一年之后，都没有收到柳永的来信，独守空房自然是寂寞难耐，平时没有工资收入，买米买菜又要花钱，终于有点忍受不住了。

这谢姐姐想啊，就这短短的十几夜夫妻，还不知道靠得住靠不住，老娘这辈子就没有见到几个重情重义的好鬼。

又有一些闲人从中撺掇，谢姐姐不免又随风转舵，于是重新开张了。

柳永后来回到京城听到这个消息，感到非常痛苦，听说自己一个叫朱儒林的朋友要去江淮一带，为了表达自己的忠贞不渝，于是给谢姐姐写了一首《击梧桐》：

香靥深深，姿姿媚媚，雅格奇容天与。自识伊来，便好看承，会得妖娆心素。临歧再约同欢，定是都把、平生相许。又恐恩情，易破难成，未免千般思虑。

近日书来，寒暄而已，苦没忉忉言语。便认得，听人教当，拟把前言轻负。见说兰台宋玉，多才多艺善词赋。试与问，朝朝暮暮。行云何处去。

谢玉英受到这首词后，果然是被感动得一塌糊涂，顿时后悔万分，于是立刻到京城去找她的柳郎（当然这算后话）。

在柳才子的十大情人之中，谢玉英同学在柳永心中的地位，仅仅次于虫虫姐姐，甚至是和虫虫同学并列第一的地位。

（十）入京

柳永收到了老爸来信的催促，自觉在途中也耽误了不少时间，想应该是进京的时候了，与谢玉英缱绻了半日天，终于登上了离开扬州的船只。

回到京城后就要开始好好复习，关门背书了，以后再也别想这样逍遥自在地生活了。而且还会受到老爸的束缚。柳永想着想着就感到有些郁闷。

反正，去了再说吧。

2. 歌功颂德——想被特招的学生

（一）东京

真宗大中祥符元年（公元 1008 年），25 岁的柳永终于来到了东京，与他离开家乡已经相隔六年之久。

东京是北宋的首都，因为东京有一条河叫汴河，人们又常常称它为汴都或汴京，其实就是现在的河南开封。这个城市的人口，在当时就已经超过一百万的繁华自是无法想象的，其地位那就是美国的纽约，英国的伦敦，法国的巴黎……

汴京中心街道称作御街，路两边是御廊。北宋政府改变了以前历朝历代时期居民不得向大街开门的旧规矩，允许市民在御廊开店设铺和沿街做买卖。想来，要不是那时的领导人有这么英明的决策，我们今天能否在大街上找到一个门面还不清楚。

感谢北宋那英明的统治者，吾皇万岁万岁万万岁！

大大小小的街道上，店铺林立，什么珠宝金行，服装店，水果店，蔬菜店，鲜花铺，食品店，古玩店，当铺，酒店……说书“瓦肆”，各个门面，琳琅满目让人应接不暇，当然还有青楼歌馆（这个柳永最喜欢）。

这里白天的热闹繁华自是不必说，人来人往，熙熙攘攘。而且夜市也更加兴盛，往往直到三更方散。也许，今天台湾那发达的夜市也是受到了北宋的启发吧。

北宋著名画家张择端的《清明上河图》画出了北宋时期东京的繁华景象，今天这幅画自然是价值连城，今天有的人又搞出了个《清明幻河图》的小说，说的是上海，难道他认为北宋的东京和今天的上海的繁华差不多吗？孟元老《东京梦华录序》里面这样描叙北宋的东京：

> 举目则青楼画阁，绣户珠帘。雕车竞驻于大街，宝马争驰于御路。金翠耀目，罗绮飘香。新声巧笑于柳陌花衢，按管调弦于茶坊酒肆……花光满路，何限春游；箫鼓喧空，几家夜宴。伎巧则惊人耳目，奢侈则长人精神。

用现在的话说就是，抬头就是高楼大厦，摩天高楼。宝马、奔驰、奥迪、法拉利、宾利雅致、劳斯莱斯满街上跑。人们日日喝酒，夜夜歌舞。

为活跃经济文化生活，政府部门还根据“原则性和灵活性”

放宽了宵禁，城门关得很晚，开得很早。为了维护治安，在御街上每隔二三百步设一个军巡铺，也就是今天的治安岗，白天维持交通秩序，疏导人流车流;夜间警卫官府商宅，防盗防火，防止意外事故。这就是是历史上最早的巡警了。

如今，五夫里的小青年柳永来了，就像来自科西嘉小岛的拿破仑进入了法国巴黎，东京将成为他的第二故乡。而不同的是拿破仑将要奋发图强建立他的帝国，而柳永将要沉沦堕落葬送他的前途。

他忘记了离开扬州之时那认真复习的准备，他更是彻底忘记了走出家乡之时那衣锦还乡的理想。

（二）真宗

在这个繁华的大都市里，柳永一心想见的就是全国最大的政治明星，因为他将是自己的监考老师。这个人那就是号称“膺符稽古神功让德文明武定章圣元孝”的大宋皇帝——宋真宗赵桓同学。

赵恒（公元 968—公元 1022 年）是北宋的第三任皇帝（公元 998—公元 1022 在位），他的伯伯赵匡胤把皇位弄到手后，干到最后就把这份工作交给了赵桓的老爸赵光义，老爸干过之后又把它交给了他自己的儿子。

因为我们在前面已经说过，这位赵桓同学有一篇作文和柳永同学的作文都被选进了《古文真宝贝》这本作文选里，前面已经看了柳永同学的作文，我们现在再来看看赵桓同学的作文，他的题目是《励学篇》：

富家不用买良田，书中自有千钟粟。
安居不用架高楼，书中自有黄金屋。
娶妻莫恨无良媒，书中自有颜如玉。

出门莫恨无人随，书中车马多如簇。

男儿欲遂平生志，五经勤向窗前读。

其中有的句子是否感觉似曾相识呢，不要惊奇，没错，就是这位堂堂一国之君写的。这位皇帝除了是位诗人，还是一个军事家，曾经打赢过一场仗。不过这场战争是不败而败，大有我堂堂天朝上国那中法战争的风范。

真宗景德元年（公元 1004 年）秋天，辽国萧太后和乔峰的老乡辽国皇帝——辽圣宗耶律隆绪同学亲自率领二十万大军南下，直逼黄河岸边的澶州（今河南省濮阳县）城下，威胁着赵桓同学的都城。

于是警报一夜五次传到东京。

赵桓同学智商不太高，而情商也不好，听到奏报便吓歪了嘴，于是问计于群臣。

副宰相王钦若、陈尧叟两位同志估计熟读了《三十六计》，他们想到了一条上计——逃跑。

但任职才一月的宰相寇准同学则厉声反对说："出这种主意的人应当斩首！"意思是说，说这话的王八蛋应该拉出去毙了！

于是，他又进一步跟赵桓同学加以解释，如果放弃汴京南逃，势必动摇人心，敌人就会乘虚而入，国家就难以保全了；如果皇上亲自出征，士气定必大振，就一定能打退敌兵。

赵恒同学被说得飘飘然起来，于是就糊里糊涂地答应同意御驾亲征，但是要求寇准随同指挥。

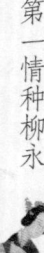

到了韦城（今河南省滑县东南），赵恒听说辽兵势大，萌生了退兵的想发。

寇准同志严肃地说："如今敌军逼近，情况危急，我们只能前进一尺，不能后退一寸。何况我军日日夜夜盼望陛下驾到，如果进军将会使我河北诸军的士气大振，后退则将使军心涣散百姓失望，敌人乘机进攻，陛下恐怕连金陵也保不住了。”

赵恒才勉强同意继续进军，渡河进入澶州城。

远近各路宋军见到皇上的黄龙大旗，都欢呼跳跃，高呼“万岁”，于是士气大振。

寇准指挥宋军出击，个个奋勇冲杀，消灭了辽军数千，把辽军主将萧达兰都给干掉了。

萧太后见辽军陷入被动，要求议和。

经过寇准的坚持和使者曹利用到辽营一再讨价还价，于12月正式议定，由宋朝送给辽以岁币银10万两，绢20万匹，换得辽军撤走。

辽国那群流氓终于被赶跑了，于是赵桓同学舒了口气，偷偷地乐了。

可是你这算什么玩意呢，你不是把仗给打赢了吗，为什么还要赔钱给人家呢？应该让他们赔偿战费才是啊！无语！

（三）特招

现在的高考采取全国统一招生考试，这就是千军万马闯独木桥，所以即使是大量扩招的今天也会死伤累累。而有的人具有特别的才华，他们就想避开这条狭窄的道路，比如有的人就希望通过新概念作文竞赛被特招进大学，而有的人则希望通过美术或体育等特长被特招进大学。

柳永同学其实暗自里也是这么想的，他压根儿就不想去参加高考，倒不是因为他偏科（他们那时候考试就一门语文，想偏都偏不了）。而是因为他觉得自己不是普通人是人才，如果给别人的评价是人才的话，那么自己的评价就应该是奇才。所以如果自己去和他们一起参加考试的话，那就是降低了自己的身份。

实际上，那时候除了国家统一考试的科举之外，的确还有一条特招的途径，那就是“献颂”，就是你向国家最高领导人写一些歌功颂德的作品，一旦他们看了感觉很爽的话，他们金口一开，那你也就跟着爽了。在当时就存在这种途径，而且献颂而赐第这种风气还非常流行，尤其是在柳永所处的这个时代。

柳永正在一门心思地寻找着这样的机会，所以他对参加高考并不是非常在乎，他觉得自己可以通过这种特招的方式，获取“进士”的学位。

机会偏爱有准备的头脑，别急！我们前面一节说什么来着……

（四）开演

赵桓同志原以为自己的“澶渊之盟”是一件多么了得的事情，是一件功盖千秋大业，所以他很是得意了好一阵子。

不料有一天，参政王钦若却对他说：“城下之盟，《春秋》耻之。澶渊之举，以万乘之尊而为城下盟，没有比这更耻辱的了！”

王钦若的话，本来是要贬低寇准的，但却同时给虚荣心十足的宋真宗兜头泼了一盆冷水，从此怏怏不乐。

王钦若是个善于察言观色、逢迎邀宠的马屁精。他在正经事儿上没多什么大能耐，但在搞小动作方面却是胜人一筹的。史称他“性倾巧，敢为矫诞”，就是说这个人鬼得很，敢于并善于弄虚作假。而且作假还作得很有境界很有品位。

他看出真宗这人是既好大喜功，又害怕战争，就找了个机会假意向真宗提议说：“陛下若出兵收复幽、蓟两州，就可以洗掉澶渊之盟的耻辱了。”

老赵当然也有两把刷子，说：“河北的百姓刚免了战争之苦，

我哪忍心再挑起战争呢？还是想点其他主意吧！”

王钦若乘机说：“那就只有封禅可以镇服四海夸示外国了。但自古封禅，都得有‘天瑞’出现才行。”

接着又说：“当然，这‘天瑞’不是说要就有的，前代之所谓‘天瑞’者，有些是人为搞出来的，只不过人主把它当真的崇奉起来，并以之昭示天下，就会同真的一样了。古代传说的‘河出《图》，洛出《书》’，难道真有这么回事吗？那不过是圣人以神道设教罢了！”

真宗听了，当然心领神会，但又担心地说：“王旦也许不会同意这么干吧？”

王旦是当时的宰相，因此前寇准已被排挤出朝，所以真宗首先考虑王旦是否肯附从。

王钦若说：“我去向他暗示这是出于圣意，估计不会不同意。”果然，经过王钦若的摆布，很快就被搞定了。

但真宗心里还是不踏实，就把王旦召来宴饮，正当喝得高兴的时候，老赵居然为笼络人心，干起了一件行贿的事情。

他命人取出一尊酒来赐予王旦说：“带回去同老婆孩子一起享用吧！”

王旦回家后打开酒樽一看，哪里是什么美酒？里面盛的全是珍珠！从此，王旦成了封禅的带头羊。

于是，由王钦若同志任导演，由赵恒同学主演的戏剧开演了，于是，柳永同学的机会也不远了。

（五）天书

主要关节打通了，真宗又同王钦若密谋布置了一番，于大中祥符元年（公元1008年）正月把朝臣召集起来，煞有介事地对大家说了一番话（宋史意译）：

"去年冬天十一月，将近半夜时分，我刚吹灭蜡烛准备睡觉，忽然室中亮了起来，有个穿绛衣的神人对我说：'来月于正殿建道场一个，将降天书《大中祥符》三篇。'说完就不见了。从十二月初一起我就斋戒于朝元殿，并建道场等候神赐。刚才城皇司来奏称在左承天门南发现有帛布悬于屋脊上，我立即即派中使去察看，回报说帛布还包有类似天书的东西，封口隐然有字。原来正是神人说的天书啊！"

王旦履行了他担任拉拉队队长的职务，于是连忙带头称贺，唯恐自己的声音落在了别人的后面。

真宗于是率百官步行到承天门，诚惶诚恐地把那所谓的"天书"迎奉到道场，当众开了封口。只见帛布上写的是："封受命。兴于宋，付于慎，居其器，守于正。世七百。九九定。"

另外还有黄色字条三幅，内容无非是说什么"真宗以孝道承统，务以清净简俭，必致世祚长久"，等等。

真宗让知枢密院事陈尧叟把"天书"宣读后，依旧包起，郑重盛入预先准备好的金柜中，另派官员祭告天地、宗庙和社稷。立即在崇政殿设斋宴，接受百官朝贺。

为了扩大影响，真宗趁热打铁，接连下了几道诏令：大赦、改元、改左承天门为承天祥符、群臣加恩、特许京师聚饮三日以示庆祝，等等。又授意一班吹鼓手如陈尧叟、丁谓等提出一些经义理论加以附和。并且设置了全国征文大赛，一时间全国上下掀起了一股"争言祥瑞"的热潮。

柳永等这一天已经等得不耐烦了，机会既然来了，说什么也不能错过，于是他摩拳擦掌，通过精心构思，写了一首《巫山一段云》：

> 琪树罗三殿，金龙抱九关。上清真籍总群仙。朝拜五云间。
> 昨夜紫微诏下。急唤天书使者。令赍瑶检降彤霞。重到汉皇家。

自己欣赏了一遍又一遍之后，自我感觉不错之后就投上去了，也许是因为柳永同学的大作虽然质量还行，不知道什么原因，不知道是不是字数不够，没有达到“800字”或“500字”相类似的标准，很遗憾，柳永没有收到参加复试的通知。

当然，柳永同学也只是抱着“试试看”的态度，没有入围也无所谓，或许他早就忘记了。

3. 误入深渊——受不了京城繁华的诱惑

（一）逛街

柳永来到京城的目的，名义上是来考试，实际上一个隐藏在背后目的便是来看看京城的繁华和热闹。甚至可以说，看热闹反而是来京城的主要目的，而考取功名虽然重要，但只是一个可有可无的东西。至少柳永现在就是这么想的。

此时，柳永的老爸和叔叔都已经在汴京做官了，柳永自然不用考虑吃住的问题，不需要租房，不需要住旅社，想跟爸爸就跟爸爸，想跟叔叔就跟叔叔。这使得那些贫困的子弟见了眼红，只恨自己只有一个“穷爸爸”而没有一个“富爸爸”。

初来乍到，当然是先要熟悉熟悉环境。柳永在爸爸和叔叔的导引下，走马观花般地参观东京城。

的确，这是柳永向往已久的地方，京都的繁华和发达，柳永从小听到大，怎么会不心动呢？从小就立志要去东京，怎么就不急着去一睹市容呢？

那鳞次栉比的店铺，那川流不息的人群，那吆喝不断的叫声，那花花绿绿的商品……深深地刺激着柳永的神经。

一路穿街走巷，虽是走马观花，却有两幕画面深深地映在了他的脑海。

一幕是三五个青年小伙子，呼朋引伴，吆吆喝喝，谈着笑着走进酒馆。

一幕是歌声嘹亮的青楼，一个个美女向过往的路人柔声细语地，发出摄人心魄的声音。

一天下来，柳永觉得这座城市有着无限秘密等着自己去揭发，等着自己去探究。

此刻，这座城市是不属于柳永的，一切显得是那么的陌生和遥远。

等着，我迟早会融进你的骨髓，东京！

（二）元宵

正月十五的元宵节，一向爱好热闹的柳永同学自然是跑都跑不及，他来到了宽广的御街里。

按照惯例，老赵已经派人在御道两旁搭上了很多的帐篷，而且披红挂绿，全城的老百姓都汇聚到御街两边的走廊下。

有的在这里摆摊卖东西，有的在这里举行演唱会，有的在这里弹奏乐器，还有的在这里举行说书……

奇术异能，歌舞百戏，鳞鳞相切……

喧闹之声一直传到十里之外，前来观赏的游人络绎不绝。欢呼叫好声一阵紧似一阵，把市民们陶醉在这喜庆祥和的气氛之中，一个个忘记了回家。

柳永从五夫里出来的时候，一路经过杭州苏州和扬州，自认为自己见到了市面，可是如今来到了京城，又有了一次从五夫里出来的感觉。

在这元宵夜里，皓月当空，皎洁生辉。重重复道高耸入云，

座座楼台凌空如飞。吉祥的暖风吹拂着有人的脸面，吉庆的瑞气笼罩着整个京城。

让柳永没有想到的是，老赵居然出来和大家一起同乐来了，顿时，热闹的场面又涌上了一个高潮。

龙凤烛光发出的亮光和天空的月光交相辉映，高耸的鳌山旁边，舞女手执羽扇，翩翩起舞。两籍乐府和梨园子弟与观灯的百姓一起狂欢，人声鼎沸，锣鼓喧天。

直到已经破晓，人们都没有散去，街道上的人挤得满满的，都向老赵高呼万岁：吾皇万岁万岁万岁岁！

柳永同学当然也是跟着大家拼了老命地喊，希望老赵能够看他一眼，可是就像如今的明星在唱歌时，即使他用手指着你其实并没有看你一样，柳永同学没有收到老赵的青睐。

这是柳永第一次亲眼见到北宋皇帝赵桓同志。

回到家里，柳永同学，仍然快乐得睡不着觉，于是取出纸笔，写下了这日的日记（《倾杯乐》）：

禁漏花深，绣工日永，蕙风布暖。变韶景，都门十二，元宵三五，银蟾光满。连云复道凌飞观。耸皇居丽，嘉气瑞烟葱茜。翠华宵幸，是处层城阆苑。

龙凤烛，交光星汉。对咫尺鳌山开羽扇。会乐府两籍神仙，梨园四部弦管。向晓色，都人未散。盈万井，山呼鳌抃。愿岁岁，天仗里、常瞻凤辇。

没想到这首词很快就传唱开来，其中有两句话，既没有什么哲理，又没有什么意境，却成了当时的名句，那就是：会乐府两籍神仙，梨园四部弦管。并且这首词一直传到皇宫里面去了，皇宫里面的人都对这首词非常称赞，估计柳永同学也为此在京城里面有了一点小小的名气。

初来乍到，就混出了一点小名堂，看来柳永这小子前途光明！

（三）通俗

柳永同学的那首元宵词传开之后，一些教坊乐工每逢谱写出了新的曲子，都请求柳永为他们写词。

柳永同学是那种表现欲望极为强烈的人，正愁来到京城没有机会自我表现，如今大家不请自到，柳永同学当然是高兴得自尊心都膨胀起来了。

于是柳永同学便来者不拒，无论好坏，总会给他们写上一两首，但是这些教坊乐工们给柳永同学提了一个要求。

能不能写得通俗易懂一些，让普通的人都能听懂。

这个嘛……没有问题……你要通俗到什么程度……你要通俗就通俗，要典雅就典雅。

最好像我们口头说话一样……这样行吗？

怎么不行，口语同样能够写进词里……不过这种词千万不要说是我柳永写的，否则人家听到后会笑话我的。

然而，没想到的是，柳永写的这些“俗词”却非常的有市场，为最广大的消费者所乐于接受，没有任何的广告宣传，柳永的词很快就在京城里传开了，而柳永这个名字也随着被传开了。

柳永真的红了，自下而上地红了，没有任何的媒体炒作，完全是一种自发的方式。也许，这就是大师们所谓的文学史发展的必然性吧！否则那是为什么呢？

（四）俗气

柳永红是红了，可是一大群儒雅君子在一旁暗暗地嘲笑柳永，他们一方面嘲笑柳永行为不检点，和歌女打成一团；另一

方面嘲笑柳永的作品是低俗的文艺作品，意思是说柳永的作品是不健康的或者说是黄色文艺作品，是要遭受中央宣传部的封杀的。

当时的那些文人，一个个甚至都不愿意和柳永交往，他们一个个地批评柳永的作品，柳永的名气越是高，他们就批评得越凶。反正当时的那些业余文艺评论家们对柳永作品的评价就是恶评如潮，包括后来的一些文艺评论家们也都持这一个观点。

一个叫徐度的人就评论说："虽极工致，然多杂以鄙语，故流俗人尤喜道之。"

一个叫王灼的人也评论说："浅近卑俗，自成一体，不知书者尤好之。"

反正意思都是说，柳永那家伙写的东西都是一些浅显易懂内容低俗的东西，只有那些没知识没文化的人才喜欢看看，就连后来出生的才女李清照也说柳永的作品"辞语尘下"。

有的人即使自己认为柳永的词不俗，但是也不愿意自己的学生去学习柳永，这里面的典型就是苏轼老师。

苏老师曾经就说：世言柳耆卿曲俗，非也。但是当他得知自己的学生秦观同学学习柳永的词的时候，他就老大不高兴：

秦少游自会稽入京，见东坡，坡云："久别当作文甚胜，都下盛唱公'山抹微云'之词。"秦逊谢，坡遽云："不意别后，公却学柳七。"秦答曰："某虽无识，亦不至是。先生之言，无乃过乎？"坡云："'销魂。当此际'，非柳词句法乎？"秦惭服。

看来柳永在当时真是孤军奋战！文坛里面一个支持者都没有。可怜啊可怜！我同情你。

（五）剽窃

虽然柳永的作品受到当时人们的诟病，但是人们又一个个情不自禁地去模仿去学习。这就像人们一个个对公务员的贪污行为咬牙切齿，但是当机会来临的时候他们又唯恐不能和他们靠得更近。

除了上面的秦同学偷偷学习柳永的作品外，还有一个同学甚至发生一起对柳永作品的剽窃行为。这个同学就是后来大名鼎鼎的王安石，也算是我们的老熟人。

故事是这样的：在宋仁宗嘉祐年间，小赵开了个赏花钓鱼宴会，王安石同学以“知制诰”这个身份也坐在最后面。小赵说出一首诗歌，要求大家按照顺序接诗。这就像中学生玩成语接力赛一样。

最后到王安石同学的时候，天气已经很晚了，宴会也快要结束了，这时候得到的是“披香殿”三个字，这可是在皇帝面前，王同学紧张啊，现在又是最后一个，本来在前面看大家对诗的时候就已经很紧张了，现在轮到自己，又是最后一个，就更加着急了，这一急思维就开始打结，一时也就想不出来。

这时后一个叫郑毅夫的人坐在他的旁边，于是就悄悄地对王同学说：“可以对太液池。”

于是，王同学就像囚犯获救了一样，立马想出了一首诗歌：

荫幄晴云拂晓开，传呼仙仗九天来；
披香殿上留朱辇，太液池边送玉杯。
宿蕊暖含春浩荡，戏鳞清映日徘徊；
宸章独与春争丽，恩许赓歌岂易陪。

没有想到的是，到了第二天，满京城都盛传王同学剽窃柳永作品里面的句子窃“太液波翻，披香帘卷”，结果王同学听到这样的话后，郁闷了好大一阵子出门都不好意思出门。

（六）接触

自从柳永的元宵词在京城传开之后，便有教坊乐工来请柳永帮他们写词。随着柳永作品的迅速传开，柳永在京城的名气也越来越大。于是那些青楼的歌女们也渐渐地请柳永帮她们写词。

于是，柳大才子不知不觉地便堕入到温柔乡中去了，逐渐地开始和青楼歌女纠缠在一起，甚至得意地把自己的风流生活拿来唱，好像生怕人家不知道自己似的。

身材儿、早是妖娆。算风措、实难描。一个肌肤浑似玉，更都来、占了千娇。妍歌艳舞，莺惭巧舌，柳妒纤腰。自相逢，便觉韩价减，飞燕声消。

桃花零落，溪水潺湲，重寻仙径非遥。莫道千酬一笑，便明珠、万斛须邀。檀郎幸有，凌云词赋，掷果风标。况当年，便好相携，凤楼深处吹箫。

骨子风流的柳永被这些貌美如花的女子给迷得神魂颠倒四体无力，柳永总是在自己的词里面，赞美那些妹妹们如何的漂亮，如何的有气质，如何的有才华，如何的有魅力……就像这首《合欢带》一样。

当日，此刻他柳永是一个胸怀大志求取功名的士子身份，还不敢与歌妓们明目张胆地厮混在一起，否则那些读书人不非议他的话，他的老爸也要对他发威了。

4. 虫虫是我红颜知己
——爱情不分身份不分地位

（一）虫娘

爸爸和叔叔都要上班，当然没有时间总是陪着柳永，再说柳永自己也那么大了，几十岁的人了，再也不是十几岁的小孩了，自己可以去探索去发现了。

话说这柳永的好奇心的确非同一般。自从那天逛完街之后，就一直惦念着外面的花花世界，即使是坐在房里复习功课也是毫无心绪，街上那新鲜的场景一幕一幕地在自己眼前闪现。虽然他极力命令自己好好学习，但仿佛外面有一个绝世美女在喊着自己的名字：柳永，出来玩吧！

果然，柳永出去了！

他终于放下了那边看了半天也没有看完三页的书，伸伸懒腰，正了正衣冠，出去了。

街上热闹非凡，比起崇安那个小县城来，简直就是一个天上一个地下，柳永只恨自己来晚了！

走在路上，眼睛应接不暇，自己也不知道往那边走，只是看着哪边人多就往哪边去，看着哪边热闹就往哪边转。

这不，就鬼使神差般地来到了“平康里”，柳永被里面那悦耳动听的歌声给吸引住了，仿佛今天人们对于王菲的歌声那样痴迷。他呆呆地站在门外听了很长时间，感觉越听越好听，越听越迷醉，不知不觉就移动脚步走了进去。这一步跨进去，就跨进了人生的深渊。用历史的句子来说，这一步标志着柳永人生堕落的开始，是柳永由奋发图强到沉沦堕落的转折点。

刚刚跨进歌楼，只见一位冷傲的绝世美女，正在轻转歌喉，

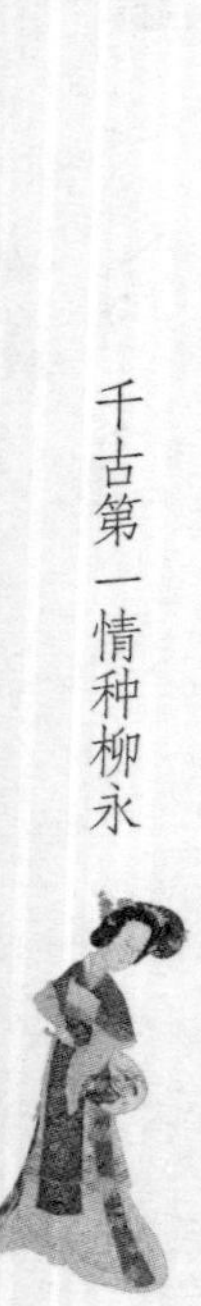

缓舒纤手，吐着精妙绝伦的声音。

柳永仿佛见到了自己的“梦姑”，又如同贾宝玉见到林黛玉一样，“这妹妹是见过的”。的确，柳永感到三百年前就同这位美女认识了，只恨不能上前去跟她重叙旧事。

兄弟，请问这位美女叫什么名字？

我靠，虫娘你都不知道，牛！

那她……那她家住在哪儿？

怎么，哥们有想法……这个倒不清楚，你可以问问其他人。

柳永毕竟是个读书人，也算是个准大学生，自然不好意思见人就问。本来就感到非常尴尬了，再去问的话，就难免会惹人笑话了。

慢慢打听吧。

柳永一直听到结束，但见她缓步走上楼去，自己才恋恋不舍地离开了平康里。打这次见了虫娘之后，柳永真正懂得了什么叫做“北方有佳人，绝世而独立，一顾倾人城，再顾倾人国”。

到了晚上，虫娘的芳容仍然清晰地萦绕在柳永心头，柳永仿佛跑进《关雎》里面去了：

窈窕淑女，寤寐求之。
求之不得，寤寐思服。
悠哉游哉，辗转反侧。

躺着床上，柳永怎么也睡不着，于是，一骨碌就爬了起来，拿起纸和笔，写下了下面一首词（《木兰花》）：

虫娘举措皆温润。每到婆娑偏恃俊。香檀敲缓玉纤迟，画鼓声催莲步紧。

贪为顾盼夸风韵。往往曲终情未尽。坐中年少暗销魂，争问青鸾家远近。

这是柳永为虫娘写的三首词中的第一首。

虫娘，你家在哪里呢？你住哪里呢？

慢慢找吧！小伙子。

（二）歌妓

“妓女”是一个非常敏感的词语，这就是说这个词语就如同国家领导人的名字一样，是不能随便提起的。

而在美国、日本、法国等发达国家，他们认为这个职业跟公务员一样是正当职业，而在中国是不被承认，是不合法的。

当然，这样说的话，这句话也不对。实际上，只是现在的中国不承认她们而已，而在过去，在古代都是承认的，尤其是在宋代那是绝对承认的。

我在这里要改变你对妓女的映像。是的，我要改变！她们是值得你尊敬的，也是值得你怜爱的。

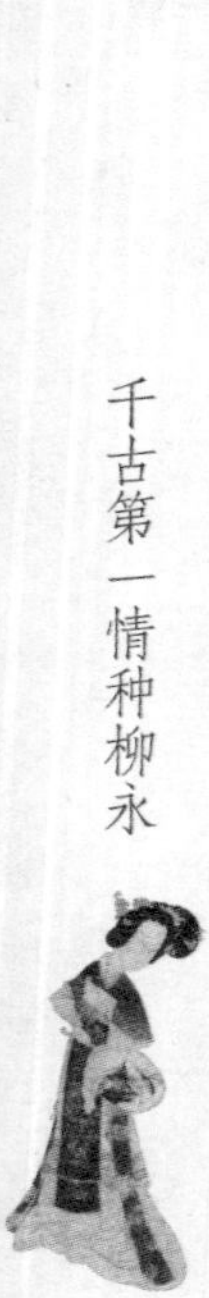

她们唱歌跳舞，她们是全中国最优秀的舞蹈家，也是全中国最优秀的歌唱家。只要有比赛话，她们随便就能够拿个金奖银奖。如果她们生于今天，那她们的身份就不是“歌妓”而是“歌星”，那么她们就是今天的邓丽君张曼玉王菲宋祖英蔡依林……

弹唱拉吹，对于各种乐器她们都非常精通，今天的那些二胡手，钢琴手，琵琶手，吉他手，她们的水平还不能和她们相比。

她们能咏诗，会写词，而且她们能把自己的诗词通过曲子唱出来。

还有一点，这些歌妓们大多长得十分漂亮，气质逼人。

试问，今天的那些女歌星、女影星有几个可以和这些歌妓们相提并论。

这些歌妓走上星光大道，一个个都会是不容置疑的冠军，如果她们参加超级女声，真是不知道那些冠军姐姐们往哪里躲。

那时的歌妓，绝非目下的坐台“小姐”，而是相当于现今的歌手。当然偶尔也会发生点儿什么事情，就像今天的那些歌星和演员一样也会和导演和老板发生点什么不清不楚的事情。

可是中国古代的娱乐圈子的人，地位是非常低下的，她们的身份是很卑贱的。什么歌唱歌，舞蹈家，演员，都是供人们取乐的对象。所以中国很早就诞生了一个对演员的称呼：戏子！

她们地位低下，出生穷苦。歌妓们多是破产农民的女儿，因家庭生计艰难而被迫卖给妓院为妓，也有其他良家女子因各种原因被坏人拐骗。在这个人间地狱，没有人理会她们的痛苦和悲伤。她们的身世飘零、无依无靠的惶恐与伤感亦表现得婉转哀切，我们看她们写的词（平江妓《贺新郎·送太守》）：

春色元无主。荷东君，著意看承，等闲分付。多少无情风与浪，又那更，蜂欺蝶妒。算燕雀，眼前无数。纵使帘栊能爱护，到如今，已是成迟暮。芳草碧、遮归路。

看看做到难言处。怕宣郎，旌旗轻转，易歌襦袴。月满西楼弦索静，云蔽昆城阆府。便恁地，一帆轻举。独倚栏干愁拍碎，惨玉容、泪眼如红雨。去与住，两难诉。

她们的哀怨得不到人的理解，她们的价值得不到人的承认，她们的爱情得不到人的回报，她们的心声得不到人的共鸣。

卑贱，肮脏，下流，无耻！这是人们赠给歌妓的礼物。

如今，柳永来了，这个出身官家的公子，这个名动天下的明星，这个才华横溢的才子。他将以平等的姿态来和这些姐妹们共诉衷肠。

（三）背景

柳永，你这个薄于操行的文学败类，你这个淫邪放荡的市井小人。

在柳永走近这歌妓之后，那些道貌岸然的士大夫们，一个个义正词严，咬牙切齿地批判他；一个个对他羞于谈论乃至极度不屑。如果不了解历史的背景真相，我们可能会把柳永跟木子美或是兰陵笑笑生这些人联系起来。

实际上，只要我们了解了当时的历史背景，我们就可以对这些评价进行评价。

第一，就像今天的美国日本法国等发达国家对色情服务的认可和保护一样，歌妓在唐宋时期是合法的，是被社会承认的，是光明正大的。所以，她们的牌子做得比现在那些跨国公司的牌子还要引人注目，你可以想象，那青楼“怡春院”的牌子比那“海尔集团”还要耀眼。

第二，歌妓不但是光明正大的，还是一个成熟的产业链。除了通常所说的青楼歌妓外，还有另外我们忽略的两种，一种是官妓，一种是家妓。官妓那可是国家政府养的，包括中央及地方官署的歌妓及军中女妓，主要供官府娱乐时谴用。

就在唐朝中宗神龙二年（公元706年），朝廷下过诏书：“准三品以上所有女乐一部（共五人），五品以上女乐不过三人。”

用现在的话来说就是，国家发下来一个通知，说允许省级以上干部可以蓄养五个歌妓，允许县级干部蓄养三个歌妓。可见，歌妓就像保险一样是公务员待遇的一个部分（今天的公务员，只能偷偷摸摸地享受这种待遇了）。

先来说那个大名鼎鼎的总理寇准（公元961年—公元1023年），家里歌舞妓人成群，每次宴饮必令歌妓“歌数阕”，然后“赠之束彩”。

再来说那个正人君子苏轼，他的妾朝云就是从妓家娶来的。还有那个晏殊，欧阳修，张先……哪个跟歌妓没有关系？

第三，国家对歌妓不但是承认，而且还是鼓励的。北宋的开国皇帝赵匡胤就鼓励他的大将石守信“多积金，市田宅以遗子孙，歌儿舞女以终天年”（《宋史·石守信传》），这就相当于今天的国家主席对国防部长说，多捞点钱，多买点房产，多找点女人（真黑暗真腐败）。

而青楼歌妓是在妓女圈中混得最差的，地位是最低下的，那些达官贵人，那些富商巨贾，他们家里有的是歌妓，他们才不屑于到青楼里去呢！除非偶尔想换换胃口。

而柳永一没官二没钱，于是，他一脚踏进了青楼。而在家里和歌女唱和嬉笑的晏殊说：柳永，你真下流。把歌女拐到家里去的苏轼说：柳永，你真庸俗。在家里和歌女打得火热的寇准说：柳永，你真无耻。

而柳永，在认真地倾听着这些苦命女孩的诉说，在热情地帮助她们构思赖以生存的唱词，正在真诚地和这些地位低下的“贱人”谈心，正在和这些对真情充满绝望的弱者恋爱……

赵大主席，你能吗？晏大总理，你能吗？苏大才子，你能吗？还有你，欧阳修同学，还有你，张先同学，还有你，还有你，你，你，你……

（四）相会

自从见了虫虫一面之后，柳永就对她魂牵梦绕，再也静不下心来好好复习功课，柳永一次再次地偷偷跑到平康里去找她，可是一次又一次地没有见着。然而，越是没有见着，反而就越加想见。

这次趁父亲没有觉察，永永又偷偷地跑了出来，只恨自己不懂得两点之间线段最短的数学定理，一路拐弯抹角飞奔而去，终于来到了平康里。

这次总算是如愿见到了虫虫姑娘，只见虫虫换了新的衣服，也换了新的首饰，柳永正准备去和她打招呼，却不料她倒抢先了一步。

你就是大才子柳永？

柳永受宠若惊，没想到这位性感尤物居然知道自己的大名，那忐忑不安的心顿时变得自信了三分。

想见你这大美女一面还真是难，我来了多少次都没有见到，今天总算运气好，终于让我如愿以偿。

大才子见笑了，小女子何敢劳您大驾。

当然，柳永早就看出来虫虫是一个心高气傲的人，所以并没有因此而抬高自己的架子，其实柳永之所以那么钟情于虫虫，也许就是爱上了她身上那份傲气，因为自己也具有这份傲气。

万万出乎大才子意料之外的是，这位有魔鬼身材妖精面孔的风尘女子，除了唱歌跳舞之外，居然还善于填词作诗，而且写的词，无论在表达立意还是在韵律结构上，都可以和自己有得一拼。

这一点对征服柳永这个性格高傲的风流才子具有致命的作用。柳永一向都以自己的“风流才调”感到自负，而如今见到了眼前的这位美女，在自己面前谈文论道，柳永顿时感到自己好像突然降落了几个层次，并没有自己当初所认为的那么牛。

唉，以前自己还认为没有几个人可以跟自己相提并论，飘飘然地狂将起来，现在才知道是自己的社交圈子太狭窄了。

回到家里，内心久久不能平静，于是写词一首《惜春郎》：

玉肌琼艳新妆饰。好壮观歌席，潘妃宝钏，阿娇金屋，应也消得。

属和新词多俊格。敢共我勍敌。恨少年，枉费疏狂，不早与伊相识。

写完之后，柳大才子把虫虫唱歌跳舞时候的妖媚的容貌回想了一遍又是一遍，带着甜美的微笑进入了梦乡。

（五）偷会

聪明智慧的中国人总结出了一条真理：若要人不知，除非己莫为。柳永同学倒是想把这条真理给推翻，但是很不幸，任凭他多么谨慎小心，他还是没能把它推翻，同样被这条真理给收拾了。

当然了，他老爸也是读书人，点到为止。

以后不要随便出去，复习考试要紧，知道吗？

当柳永听到这句话的时候，首先是感到莫名其妙，接着就是恍然大悟，最后就是懊丧不已……真倒霉。

但倒霉归倒霉，有道是办法是想出来的，难道被老爸发现了就再也不见面了吗？正当青春年少的柳永能够耐住寂寞，笑话！对于想象力丰富的才子来说，想个办法自然不是什么难事，只是以后的见面得速战速决，不能因为太长的时间而让老爸找到疑问。

于是以后的相见，都是偷偷地匆匆一会，柳永对此感到极度的郁闷。

郁闷啊郁闷！

夜里，柳永寂寞难耐，一边想念着虫虫，一边写着自己的心情日记：

小楼深巷狂游遍，罗绮成丛。就中堪人属意，最是虫虫。有画难描雅态，无花可比芳容。几回饮散良宵永，鸳衾暖、凤枕香浓。算得人间天上，惟有两心同。

近来云雨忽西东。诮恼损情悰。纵然偷期暗会，长是匆匆。争似和鸣偕老，免教敛翠啼红。眼前时、暂疏欢宴，盟言在、更莫忡忡。待作真个宅院，方信有初终。(《集贤宾》)

等着吧，等我考上了进士，有了功名，我就买一套房子给你，你等着。

5. 小两口的结束——可惜了这对才子佳人

（一）裂痕

柳永自从离开家乡，就最初还有点思念嫣然，可是看到了外面的花花世界之后，就逐渐把嫣然给淡忘了，来到京城之后，就几乎把她给彻底忘记了。

嫣然如同柳永嘱托的，每天帮婆婆干活之外，自己也学着识字看看书。她找到柳永小时候写的文稿，堆积在床头。每天晚上一页接着一页地看，直到睡着为止。看着柳永写的东西，嫣然觉得自己的老公天真可爱，而且才华横溢。她为自己的选择感到骄傲，没有看走眼。

我的老公将来会有前途的，会当官的，会有钱的，他会一直对我好的……

没错，柳永当初的确是这样想的。

然而，有一个问题，你嫣然和柳永，你们两个都忽略了，中国的才子骨髓里面都是浪漫风流、潇洒不羁的，尤其是落魄文人，更需要美女的安慰。唐代诗人杜牧的《遣怀》已经说得

够清楚了：

落魄江湖载酒行，楚腰纤细掌中轻。

十年一觉扬州梦，赢得青楼薄幸名。

如今柳永来到了这烟花豪华之地，人生地不熟，任凭那儒家思想怎么深厚，却抵制不住浪漫风流的个性气质。

若想人不知，除非己莫为。虽然没有手机，没有电话，也没有网络，但柳永在京城里行为不捡的信息还是传到嫣然的耳朵里。

怎么会这样呢？柳永不会的，他不是那种人。

的确，他不是那种见异思迁的人，但是他是那种见一个爱一个的人，就像天龙八部的段誉的老爸段正淳一样，对每一个都是真心的。

所以柳永不是属于你嫣然一个人的，他是女人们共有的。

不行，柳永必须属于我嫣然一个人的。

嫣然为了自己的爱情，她需要进行抗争。

是的，她开始了抗争。

她给京城的柳永写了一封信，信的内容大概是这些内容：

亲爱的柳永：

你在京城过得好吗？我很想念你，每天都盼望着你回来。但是近日听到人家的一些闲言闲语，说你不会回来了。我听了感到非常难过，你能告诉我这些是假的吗？

深深爱着你的嫣然。

柳永受到了嫣然的信，顿时心感惭愧，感觉自己的确对不住嫣然，但是自己也的确是爱上了虫娘。

如何决断，那面若桃花的嫣然和那冷傲俊俏的虫娘，两个人的面容在柳永脑海里交替出现。

今晚，一夜未眠。

（二）回忆

离宴殷勤，兰舟凝滞，看看送行南浦。情知道世上，难使皓月长圆，彩云镇聚。算人生、悲莫悲於轻别，最苦正欢娱，便分鸳侣。泪流琼脸，梨花一枝春带雨。

惨黛蛾、盈盈无绪。共黯然销魂，重携纤手，话别临行，犹自再三、问道君须去。频耳畔低语。知多少、他日深盟，平生丹素。从今尽把凭鳞羽。（倾杯）

每次从歌楼酒馆回来之后，柳永就看到嫣然从老家寄来的信。这让柳永感到非常烦恼，一方面感激嫣然对自己的牵挂和关心。另一方面又讨厌她对自己的不信任

你本来就对不起她，你居然说她对你不信任。

柳永，你好意思说。

柳永想起了同嫣然分别的情景，是的，柳永想忘记嫣然，甚至想抛弃嫣然，可是他一想起第一次见面的情景，尤其是自己离开家乡的时候，看到嫣然那痴情的眼神柳永就下不了决心。

送别的酒喝完了，亲人把柳永送到了湖边，即将离开的船儿已经等在河岸，艄公悠闲地坐在船头，只等柳永踏上船只就摇船出发。

嫣然牵着柳永的手，一颗颗眼泪忍不住从脸上滚落下来。

你真的现在就要走吗？功名真的那么重要吗？

是的，学好圣贤书，货与帝王家，这是一切读书人的理想。

可是我不想你离开，我舍不得你。我会想念你的，我真的好怕。

不怕，嫣然，我会很快回来的，等我考上了进士就回来接你。

好了，不要哭了，柳永帮嫣然擦干了泪水，松开了手。

而嫣然还是紧紧抓着不放。

你一定要早日考取功名，早日回来，我会天天盼着你回来的。

我会的，好了，不哭了，时间不早了，回去吧。

嫣然恋恋不舍地松开了手。

柳永走了。

永！

柳永回过头来，还有事吗？

嫣然一把抱住柳永，一句话也说不出来。

……

柳永把这一幕回忆了一千遍一万遍，叫我怎么能够忘记她，叫我怎么能够抛弃她呢？

（三）念妻

嫣然从小就因为家庭贫困，所以身体一直不太好，日常里有很多不适，随着柳永离开家里的时间越来越长，嫣然听到的闲话也越来越多，而且那些闲话也越来越刺耳。

嫣然本是对自己的出生感到自卑，觉得自己配不上柳永，现在，自己每去一封信，柳永总是很随意地给她回复几个字。虽然表面上嫣然感觉已经很满意了，实际上内心感到非常的痛苦。

她开始怀疑人性的复杂性，她觉得自己已经看不清柳永的

面目了。

是的，那个白衣飘飘的多情少年呢？那个满街奔走寻找我的青年才俊呢？

嫣然，狠狠地揉了揉眼睛，可是她已经看不见柳永的面目了，摆在眼前的只有一个模糊的面庞。

为什么已经看不清了呢？嫣然急得哭了。

世界上的好人本来就很少。

想到这里，嫣然又哭了。

世界上的好男人更少。

嫣然哭得泪雨滂沱。

嫣然一年接着一年地受到耳边闲言碎语的煎熬，而且这些闲言碎语越来越嚣张，丝毫没有收敛的趋势。同时，嫣然没有得到柳永实质性的安慰，她怀着对人性无限的怀疑和绝望离开了人间。

自古红颜多薄命，嫣然从来都不相信这一句话，也许她死后也不相信，但是这句话恰好应证在她的身上。

柳永写下了一首词，表示对妻子的思念，《离别难》：

花谢水流倏忽，嗟年少光阴。有天然、蕙质兰心。美韶容、何啻值千金。便因甚、翠弱红衰，缠绵香体，都不胜任。算神仙、五色灵丹无验，中路委瓶簪。

人悄悄，夜沉沉。闭香闺、永弃鸳衾。想娇魂媚魄非远，纵洪都方士也难寻。最苦是、好景良天，尊前歌笑，空想遗音。望断处，杳杳巫峰十二，千古暮云深。

可惜了这对才子佳人！可惜！可惜！突然想起了《孔雀东南飞》的两句诗：多谢后世人，戒之慎勿忘！

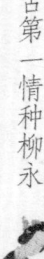

6. 高考落榜——运气还是要的

（一）自信

真宗大中祥符二年（公元 1009 年），这是苏轼同学的爸爸苏洵叔叔出生的一年，这年柳永同学 26 岁，就在这年他参加了第一次进士考试。

柳永对自己的才华非常自信，这种自信甚至到了狂傲的境地，当然，他的狂是韩寒式的，而非凤姐式的，毕竟是公元 10 世纪少有文名的 80 后才子。

是的，柳永已经等不及了，他盼望这一天已经盼望得够久了，让暴风雨来得更猛烈些吧，让考试时间来得更早些吧。

他根本就不把考试放在眼里，放在眼里的只有他的虫虫，自见了虫娘一面，就再也放不下了，到处去打听虫娘的名字。

柳永，马上就要考试了，不要动不动就往外跑。

没事，有时间，要考的东西都背得那么熟了，不用担心，考前适当放松放松，对考试更有益。

于是，一溜烟又跑出去了。

真是鸟儿长大了，翅膀硬了，管不住了。

柳宜深深叹了口气，微微地摇摇头，转了一个背。

一路狂奔，又来到了平康里。

虫虫，终于到了，终于到了。

什么到了？

考试的时间终于到了，马上就要开始考试了。

虫虫，这次考试，我一定会考个全国第一，那时候我就可以做官，咱们就有钱了，那时候咱们结婚好吗？

你骗人的吧。你这样一个大明星，一个大才子，会喜欢上我这样一个卑贱的女孩。

虫虫，我是真心实意的，如有半句虚言，天打雷劈。

有你这句话就够了，可是你不怕社会的舆论吗？你的家人会同意吗？

哦……家人……家人管得了我的恋爱？恋爱自己做主。

不过你现在正面临着考试，这关系着你一生的前途，如果你是个有责任感的人，那你现在就应该抓紧时间复习功课。等你考完试再来找我吧，我等你。

放心，我一定会考中的。

人家考前有焦虑症，只有用日记来倾泻自己的烦恼，而柳永考前却患了兴奋症，头脑活跃得睡不着觉，也来写点东西：

尤红殢翠。近日来、陡把狂心牵系。罗绮丛中，笙歌筵上，有个人人可意。解严妆巧笑，取次言谈成娇媚。知几度、密约秦楼尽醉。仍携手，眷恋香衾绣被。

情渐美。算好把、夕雨朝云相继。便是仙禁春深，御炉香袅，临轩亲试。对天颜咫尺，定然魁甲登高第。待恁时、等著回来贺喜。好生地。剩与我儿利市。

对，我一定要考上，我一定会考上，而且还要考个第一名。柳永怀着第一名的梦入睡了，那么我们就姑且等待他高中状元的消息吧。

（二）考试

考试的时间终于等到了，一展才华的时候终于到了，爸爸和叔叔对自己充满了信心，朋友也对自己的信心，柳永对自己充满了信心。

既然才华横溢，信心十足，那么进考场吧。

柳永迈着自信的步伐，从容地走进了考场，面对那些相貌平平的无名之辈，柳永的脸上洋溢着胜利的微笑。

快发卷子吧，还拖什么拖？

主考官把卷子发下来了。

柳永一看考试题目，就暗自狂喜，一眼望去，全是些熟悉的题目。

这里要说明一点，北宋这个时期的科举考试，仍然是沿袭唐代以诗赋诗为主体制，要是再退后一些年，到了仁宗的孙子宋神宗的时候，那时候就以经义为主了，考的内容可是《周易》《诗经》《尚书》等内容。如果柳永晚生一些年的话，估计那暗自狂喜就变成暗自伤悲了。

柳永拿起卷子，不假思索就动起笔来，他没有读题没有审题，他觉得这些对自己是多余的。奋笔疾书，距离考试结束还有半个小时，他就交卷了。

其他同学有的在抓耳挠腮，有的在酝酿构思，有的在唉声叹气……

柳永写完卷子，也没有检查，拿起卷子就要交。

惹得其他考生一个个吓得心慌意乱，认为考试时间马上就到了。也引得一些考生敬佩不已，这就是大名鼎鼎的柳大才子啊，这么快，牛！

柳永走出考场，没有回家，而是直奔东京城，又去看那个花花世界去了。

那考试的内容很快就忘到了九天云霄之外。

柳永只等着新科状元的头衔来找自己了。

（三）落榜

试卷很快批阅完毕，放榜之日，那些考生们一大早就围到放榜之处，大家议论纷纷，还沉浸在考试之日里，大家议论无非是这么一些内容：题目好不好做呀，你做的好不好呀，你是怎么做的呀，我做题的时间太慢了呀，我的思路出了问题呀……

而柳永呢，他人跑到哪儿去了，怎么这里没有他的人。

这家伙自从来到京城，魂灵儿就不知道飞到哪儿去了。

柳永，今天是放榜之日，你怎么到这儿来了。”

放榜，今天是放榜之日，我倒忘了。

柳永从平康里走了出来，直奔放榜目的地。

他一直钻到最前面，发现那第一名居然不是自己。

接着看第二名。

不是柳永。

第三名，不是柳永。

第四名，不是。

第五名，第六名，第七名……都不是。

柳永一口气看到最后一名，发现了一个真理：一个人如果在做事之前就已经叫得很响了，那么他百分之九十很难做成功。

一股伤感和羞愧掠过柳永的心头，但这种伤感只是掠过，掠过之后，柳永很快就找到了心理安慰。因为他想起了李白同学所说的名言：第一句：仰天大笑出门去，我辈岂是蓬蒿人。很快他又想起了第二句：长风破浪会有时，直挂云帆济沧海。

柳永觉得这样想了还不够，还要让别人知道自己的想法，当然如果自己亲口说出来的话，要么就显得太过狂妄，要么就显得非常阿 Q，还要让别人看到自己的想法吧：柳永既不能让自己的想法不见天日，又不能让自己的想法狂妄张杨，于是打个折扣，便有了下面的一首词：

帝里疏散，数载酒萦花系，九陌狂游。良景对珍筵恼，佳人自有风流。劝琼瓯。绛唇起、歌发清幽。被举措、艺足才高，

在处别得艳姬留。

浮名利，拟拚休。是非莫挂心头。富贵岂由人，时会高志须酬。莫闲愁。共绿蚁、红粉相尤。向绣幄，醉倚芳姿睡。算除此外何求。

一点虚名小利有什么了不起的，不要也罢。再说富贵又不是由自己说了算的，老天让你富贵你就富贵、让你穷困你就穷困，等到时机来了，自然有我飞黄腾达的时候。

不说了，不说了，喝酒去，喝酒去……于是柳永抬起腿就向平康里奔去，又开始他那喝酒听歌依红偎翠的生活了。

（四）体制

其实，柳永这次考试的失败是必然的，这个必然倒不是说柳永不会写考场的文章，而是即便他考场的卷子获得了第一名，他同样也考不上。

为什么呢？因为他犯规了，或者说他不符合录取的身份要求，也可以说他的政审不合格。

要知道老赵在这年正月就下了一道命令：读非圣之书，及属辞浮靡者，皆严遣之。

什么意思呢？如果不是读正规教材的学生，写作的言辞比较轻浮的人，统统都不能录取。

你柳永读的是什么书，写的是什么东西，平日都跟些什么人交往。你能考上？做梦去吧！

可是，我从小读的就是圣贤书，我读的也是四书五经，全是正规的教材啊！

然而，北宋的教委是不看这个的，教委的同志们只知道你柳永这个同学不务正业，整天游手好闲，上酒馆，逛青楼。还

写很多言辞浮华的东西。而且你写的那些粗俗不堪的东西早就在社会上传开了，连教委主任都看到你写的那些浮艳的东西了。

让你读正经书，为什么还要读那些课外书，你不是读了《花间集》那些东西，为什么能写出这些浮艳的东西？你胸无大志只知玩乐，怎么能为国家的发展做出贡献？你怎么能做封建主义事业的建设者和接班人？

7. 红灯区里的日子——青楼歌馆里依红偎翠

（一）狂饮

柳永考上没有考上，自己倒是不急，但是着急的人是少不了的，尤其是他老爸柳宜。眼睁睁地看着人家的孩子一个个都考上了，而且一家接着一家地请自己去吃饭，而自己的孩子——那个曾经自己暗自引以为傲的儿子却倒数第一名都没有考到一个。

丢人，丢人，真是丢人，柳宜第一次为自己对孩子的教育感到失败。

说说，这次为什么没有考上？

不知道。

说说，没有考上的原因到底何在？

不知道。

我叫你考前在家里好好复习好好复习，你偏偏不听，你说说，你有没有听过我所说的话。

……

一句都没有听，整天就只知道往外面跑。你说，你跑出去干嘛？

……

读书人没有个读书人的样，整天就只知道去外面鬼混，你认为你在外面的事情我不清楚吗？你以为你瞒过我了是吗？

柳永自己本也在暗自难过，经过北老爸这样一番数落，毕竟自己也是二十好几的人了，感觉那面子拉不下来。

我鬼混什么了？

你干的那些丑事，难道还要我说吗？

什么丑事……听歌喝酒就是丑事？

柳叔叔没有想到自己的乖儿子会和自己这样顶撞，一时被呛得回不过神来。

那……那难道还光荣吗？难道还是光宗耀祖的事吗？

这个反问的力量够大，柳永顿时就被震瘫痪了，嘴巴再也射不出反击的话语，于是一转身就向外面跑去……

上酒上酒，歌女们呢，快点唱歌跳舞，快点快点。

柳永跑进平康里就迫不及待地大喊大叫，仿佛是为了发泄心中的不快。

喝酒，喝酒，一直喝……

给钱，再给我上酒……上酒……

我狂喝我狂喝我狂狂喝，任凭眼前的舞姿多么优美，任凭眼前的美女多么撩人，任凭耳边的歌声多么动听……一切也阻挡不住柳永奔往醉乡的脚步。

（二）决裂

酒醒来之后，柳永没有寄宿在妓女家里，他突然觉得自己在老爸面前的行为不对，于是他准备回家去给老爸道歉。

天很晚了，夜凉飕飕的，没有月亮，只有几颗不太明亮的星星，一阵夜风吹过，柳永感到一阵寒冷，刺骨的寒冷，为什么不是冬天而这么冷呢？

柳永终于回到了家门口，到了，到了，终于到了，柳永从来都没有感觉这条路有这么长，自己好像走了几天几夜。

可是，门已经关了，柳永轻轻地敲了敲门，没有人回答。

也许睡着了吧，那就不打扰他们了，柳永转过身子，望着油墨墨的夜空，心里像被抽空了似的，什么也没有。

难道就在门口睡一夜吗？那怎么行，岂不是成了乞丐，于是柳永又拖动脚步缓缓地往回走。

到哪儿去呢？往哪边走呢？柳永一边走一边想，难道又回到那个地方去吗？还能去哪里呢？

柳永没有脸面去找虫虫，只好回到那儿去吧，于是柳永又回去了，在歌楼里寄宿了一夜。

第二天早上，柳永一觉醒来便要回家，因为他怕老爸担心。但是家里等着他的将是他人生的一场灾难，因为他没有想到刚跨进家门就被叫住了。

你给我站住，昨天晚上为什么没有回家睡觉？

我……回来过……但是……

但是被狐狸精给迷住了是不？

不是……不是……

对，不是，我知道不是，是被妖精给缠住了，我知道，你柳永很了得，在外面的女人一大堆，你了得，的确是了得。你可以不回家的，你回来干什么呢？你在外面不是有吃有喝，而且还有住宿吗？你回来干吗呢，那歌楼酒馆难道不是你的家吗？

柳永本来还是打算回来向老爸道歉，但是没有想到刚走进门就被劈头盖脸地给教训了一通，把他低头认错的念头给冲刷得干干净净。反而激活了他那潜伏的雄性激素。

别说了，不回来就不回来，看我在外面死得了死不了。

于是柳永又一个转身就离开了家人，这一离去就像他从崇安出走一样再也没有回去了。

（三）不快

柳永照例是跑到歌楼酒馆去散心，喝酒，听歌，取笑，赏舞，一整天都没有停下来，一直到了夜里，歌舞还在继续。

蜡烛已经点上了，柳永还在呼叫美女。

出来，出来，全都出来，喝酒，喝酒，大家都来喝。

柳永早已经醉了，但是他内心还是沉浸在无尽的痛苦之中，突然，他推开美女们，扔掉了酒杯，他嚎啕大哭起来。

那些歌女们一个个莫名其妙望着他，对眼前的这个怪物感到不解。

你们怎么能够理解呢？

柳永没有住在这里，他回到了自己的宿舍，带着苦涩的微笑写下了一首《金蕉叶》：

厌厌夜饮平阳第。添银烛、旋呼佳丽。巧笑难禁，艳歌无闲声相继。准拟幕天席地。

金蕉叶泛金波齐，未更阑、已尽狂醉。就中有个风流，暗向灯光底。恼遍两行珠翠。

Sorry ，sorry ，柳哥今天有心事。姐妹们原谅原谅，改天儿再向你们赔不是，赔不是……

（四）新词

柳永已经离开家了，再也没有经济来源了，得靠自己养活自己了。自己得找份工作做做吧。自己不是才子吗？她们不是

经常请我帮她们写歌词吗？于是柳永就一面写写词，一面读书学习

那些歌女们纷纷向柳永索要歌词，如同今天的报纸杂志向著名的作家索要稿件，大家把这当做自己最大的荣幸。

柳永感到自己存在的价值，以及被他人的尊重，他的创作激情就被逐渐地激发出来，但是他此时还没有想到他会当个自由撰稿人或是作家。因为他那时候还没有全职的作家，写东西的人全部干的都是兼职，就连文学泰斗诗仙李白和诗圣杜甫他们写诗也只是业余时间写写而已。

所以，只是当大家向柳永要词的时候，他才写那么一两首：

误入平康小巷，画檐深处，珠箔微褰。罗绮丛中，偶认旧识婵娟。翠眉开、娇横远岫，绿鬓亸、浓染春烟。忆情牵，粉墙曾恁，窥宋三年。 迁延。珊瑚席上，亲持犀管，旋叠香笺。要索新词，殢人含笑立尊前。按新声、珠喉渐稳，想旧意、波脸增妍。苦留连。凤衾鸳枕，忍负良天（《玉蝴蝶》）。

看吧，一不小心又来到青楼这是非之地了，没想到还碰到了自己的老朋友， 这个“旧识婵娟”当年也是打得水深火热，所以一见面双方都有点亲切感。

这女的倒也不客气，借机便“要索新词”，还郑重其事地为词人准备好“犀管”“香笺”。

当然这这位尤物也不简单，得到“新词”后，立即当宴“按新声”演唱。歌宴之后又因此留宿词人。

柳永众多“新词”“新声”，就是在这种环境中创作出来的。如此看来，倒是歌妓们成就了柳永。

在一些人感谢党感谢祖国感谢尊敬的领导感谢敬爱的老师

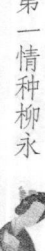

感谢父母感谢朋友感谢同学的时候，而一个英国的诺贝尔文学奖得主却在感谢妓女，这个人叫奈保尔。而在大约一千年前的太平洋的北岸，你的一个伙计也在感谢妓女，他的名字叫柳永。

如果可以，如果时光隧道可以打开，交个朋友吧！

（五）品题

我们在前面已经说过，柳永的作品很多都是为这些歌女写的，虽然很有市场，但是那些正统的文人对柳永的这些作品总是不屑一顾，甚至到了以物非人的境地。

无论人们如何鄙视柳永，无论大家怎么非难柳永。哪怕你是像美国一样，在政治上进行孤立，在经济上进行封锁……柳永就像在百家讲坛上的教授一样，他们的名气只会是如日中天，找他们的人只会是络绎不绝。而且只要经过他的点评的东西就马上会由于名人效应而立马升值。

暇日遍游妓馆。所至，妓者爱其有词名，能移宫换羽，一经品题，声价十倍。

这是罗烨《醉翁谈录》里面记载的事情，什么意思呢，柳永一有时间就到那些妓馆去玩，每到一个地方，那些歌女都把他围得密不透风。这就像今天蔡依林周杰伦每每出场都是掌声雷动一个概念。其实这样说还是错了，因为他“一经品题，声价十倍”，这样说来，就像是国家主席或总理给了某个老百姓一个很高的赞誉，但是仔细想想，还是不太恰当，其实最恰当的比方应该是一个著名的文学评论家给了一个 80 后文学小青年一个“才华横溢”的评价。然后这个小子就声价十倍飞黄腾达，记者来采访他了，杂志来找到约稿了，出版社来找他合作了，电视台来联系他了，面包有了，车子有了，房子有了……

不错，这就是北宋时期的 supper star：

你是天，你是地，你是唯一的神话，我只爱你，you are my supper star……

（六）柳迷

柳永常常出入于东京的南北两条大街，时而到这个酒楼写一首词，时而到那个歌楼写一首词，那些歌女们都争先恐后地拿去唱，就是那些不懂音乐的市民也喜欢跟着哼。平日里走在大街上，总能听到人们哼着柳永的曲子（那时也称词为曲子，因为词是拿来唱的）。

那些歌女们是柳永歌迷自然是不必说，那些普通市民热爱柳永也自然是不必说，甚至后面将要出场的宋仁宗赵祯同学也是他的歌迷。

宋仁宗非常喜欢柳永的词，每逢吃饭喝酒的时候，总是要侍女唱柳永的词，而且唱一遍还不过瘾，唱了一遍又一遍。甚至连续唱上好几首。

宋仁宗算是柳永最大的粉丝了。

除了这个伟大的粉丝之外，柳永还有一个超级粉丝，那就是一位潦倒落魄的和尚。

邢州开元寺的和尚法明，也是行为不加检点，爱好喝酒，常常一喝就喝得酩酊大醉，醉倒之后就一个劲地唱柳永写的词，于是，邢州的人一个个都嬉笑他。

有人请他去吃斋，他不去；如果有人请他去喝酒，他就跑都跑不赢。喝酒喝到兴头上，就开始唱柳永的词，唱过之后，接着喝酒，兴头来时，又接着唱，这样的习惯一直延续了十几年。

临终的时候，发明和尚换了一身新衣服，而且好好地梳妆打扮了一番，然后对大家说："我将要离开这个世界了，我想留下一句话。"

其他的和尚都感到非常惊奇，一个个连忙靠近来听。

法明说："我平生醉里颠蹶，醉里却有分别。今宵酒醒何处，杨柳岸晓风残月。"

说完，就两腿叠交而逝。

柳永，我为你而狂，为你而颠，为你而疯，为你而死。

柳永除了在国内有名气外，而且在国外的名气也不小，甚至比他在国内的影响力和名气还要大。

叶梦得（公元 1077 年—公元 1148 年）曾说："余仕丹徒，尝见一西夏归明官云：'凡有井水饮处，即能歌柳词。'言传之广也。"

意思是说，我在丹徒（在江苏省）政府的时候，见到一个从外国西夏这个地方来到宋朝做官的人说：在他们那里，凡是有人的地方，都能听到柳永的词。

没想到，自己已经成为一个国际巨星了。然而，这一切与柳永无关。

8. 继续献颂——特招的幻想一直都在

（一）封禅

这里我们接前面第二节的内容，话说王钦若同志任导演、赵桓同志任主演、王旦同志充当拉拉队队长的这个剧组成功组建后，戏剧就逐渐拉开了帷幕。

三月的时候，由王旦队长牵头，动员了文武百官、藩夷僧道及耋耄父老等二万四千三百余人，连续五次联名上表请求老赵封禅。

老赵问丁谓要花多少钱，丁谓说不多，然后老赵就命翰林及太常详拟封禅仪注，又任命了主要负责官员，其中王旦为封禅大礼使，王钦若为封禅度经制置使，丁谓负责计度财用。

六月初，派王钦若为先行官，赴泰山筹办具体事宜。

王钦若一到乾封（今泰安县）即上言："泰山醴泉出，锡山苍龙现。"不久，又遣人将自己伪造的"天书"驰送京都。

于是，赵桓同志又理所当然地做了一个梦，再次召集朝臣说："五月丙子夜，我又梦见上次的神人对我说：'来月上旬，将赐天书泰山'，即密谕王钦若等凡有祥瑞立即上报，现在果然应验了……"

王旦队长于是迫不及待地带头鼓掌喝彩，生怕自己这个队长的职务履行得不够尽职。

接着将降落泰山的"天书"奉迎至含芳园正殿，仍由陈尧叟启封宣读，文曰："汝崇孝奉吾，育民万福。锡汝嘉瑞，黎庶成知。秘守斯言，善解吾意。国祚延永，寿历遐岁。"

于是群臣表上真宗尊号：崇文广武仪天奉道宝应章感圣明仁孝皇帝。这个号的确是尊，尊得让今天的古代文学博士或者在博士后面拖着一条尾巴的人都感到难以解读。

不久，王钦若又献芝草八十本，赵安仁献五色金丹、紫芝八千七百余本，各州献上的芝草、嘉禾、瑞木之类更多得无法记计。

九月，"令有司勿奏大辟案"，又诏建玉清昭应宫，以备专门供奉"天书"。

上述种种无非是为封禅气氛加温，同时也把对真宗的歌功颂德浪潮推上了一个新台阶。

当伪造天书一切准备就绪后，真宗即于十月初正式就道东行。那"天书"被载以玉辂，在前开路；王旦等一般文武百官

扈从；还有一大批供役人员，组成了浩浩荡荡的队伍，历时 17 天始到达泰山。

为了让戏剧更加接近现实，在山下假模假样地斋戒了三日，然后才开始登山。按照事先拟定的礼注，在山上完成了祭天大典后，第二天又下到社首山行了祭地礼。之后，又是一连串的庆贺活动。

总计这次“东封”，包括到曲阜祭孔在内，前后花了 47 天时间。

这场由王钦若执导、宋真宗主演的闹剧虽然暂此结束了，但是这只是一部电视连续剧的第一集。作为主演的赵桓同志会一直把这部戏给演下去。

（二）河清

真宗祥符三年（公元 1010 年）11 月份，陕西的黄河出现了清澈的现象，12 月份又出现了同样的现象。这样的现象在古代都被称为祥瑞之兆，要么就表示皇帝道德品质十分高尚，要么就表示皇帝治理国家十分在行，反正就一个意思：这个皇帝很牛！

时任集贤院校理晏殊老师针对这件事写了一篇文章，题目叫《河清颂》。于是柳永同学也抓住机会写了一篇文章，题目是《巫山一段云》：

阆苑年华永，嬉游别是情。人间三度见河清。一番碧桃成。

金母忍将轻摘。留宴鳌峰真客。红狵闲卧吠斜阳。方朔敢偷尝。

虽然这次又没有结果，但是没有关系，后面的机会还等着他！只要赵桓同志继续当演员，我柳永被特招的机会就永远存在。

（三）降圣

真宗大中祥符五年（公元1012年），继“降天书”“封泰山”“祭后土”等事件之后，真宗同志又要开始做梦了，这次梦到了他赵家的祖宗。如果说“降天书”是第一集，“封泰山”是第二集，“祭后土”是第三集，那么接下来的“赵玄朗”便是第四集了。

十月份的时候，赵桓同志这个梦终于忍不住做了出来，他对手下的小弟们说：

> 朕梦先降神人传玉皇之命云：‘先令汝祖赵某授汝天书，令再见汝，如唐朝恭奉玄元皇帝。’翼日，复梦神人传天尊言：‘吾坐西，斜设六位以候。’是日，即于延恩殿设道场。五鼓一筹，先闻异香，顷之，黄光满殿，蔽灯烛，睹灵仙仪卫天尊至，朕再拜殿下。俄黄雾起，须臾雾散，由西陛升，见侍从在东陛。天尊就坐，有六人揖天尊而后坐。朕欲拜六人，天尊止令揖，命朕前，曰：‘吾人皇九人中一人也，是赵之始祖，再降，乃轩辕皇帝，凡世所知少典之子，非也。母感电梦天人，生于寿丘。后唐时，奉玉帝命，七月一日下降，总治下方，主赵氏之族，今已百年。皇帝善为抚育苍生，无怠前志。’即离坐，乘云而去。

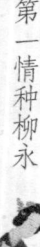

这赵桓同志一口气就说了这么多台词，智商并不低的王旦队长自然是什么意思，照例又是连忙带头称拜喝彩。

“即召旦等至延恩殿，历观临降之所，并布告天下，命参知政事丁谓、翰林学士李宗谔、龙图阁待制陈彭年与礼官修崇奉仪注。闰十月，制九天司命保生天尊号曰圣祖上灵高道九天

司命保生天尊大帝，圣祖母号曰元天大圣后，遣官就南郊设昊天及四位告之。”

到了10月24日，赵桓同志又说“圣祖”赵玄朗“降圣”延恩殿。

这天夜里，宫中通晓夜醮，老赵亲临道场迎候圣祖，并且恭听了仙尊的密训。

于是，举国上下，争着向老赵奏祥瑞，献颂歌，柳永同学积极响应中央的号召，他积极查找资料，认真构思，写出了一首词，这首词叫《玉楼春》：

昭华夜醮连清曙，金殿霓旌笼瑞雾。九枝擎烛灿繁星，百和焚春抽翠缕。

香罗荐地延真驭，万乘凝旒听秘语。卜年无用考灵龟，从此乾坤齐历数。

不过，自从“天书”事件之后，向宋真宗同学献颂歌的人络绎不绝，所以被淘汰下来的人也不少。柳永感到自己胜利的机会不大。

仅仅凭这首词64个字就能换到一个政府公务员的工作，可能性不大吧！

为了获得更大的胜利概率，于是柳永索性又以同样的词牌写了第二首《玉楼春》：

凤楼郁郁呈嘉瑞。降圣覃恩延四裔。醮台清夜洞天严，公宴凌晨箫鼓沸。

保生酒劝椒香腻。延寿带垂金缕细。几行鹓鹭望尧云，齐共南山呼万岁。

于是，柳永检查了几遍发现没有问题之后，小心翼翼地交了上去。

阿米陀佛，上帝保佑！

柳永一边和歌妓们谈情说爱，一边静候着评选的结果。一天过去了，两天过去了……

评选的结果终于出来了，看来我佛如来太过忙碌，没有时间顾及到柳永的心愿，他被无情地 pass 掉了。

但是没有关系，有的是机会，宋真宗马上就到 50 岁生日了，老子躺在歌馆里等着。

9. 才子词人——自是白衣卿相

（一）裂痕

柳永一次又一次地在情人面前夸口，但是那被特招的理想一次又一次地落空，作为柳永的准妻子——虫虫更是忧心如焚。

两人之间的感情出现了裂痕，柳永才华横溢却仕途坎坷，表面上表现得潇洒旷达，其实内心里面却郁闷痛苦。

分手就分手吧！

柳永一气之下便离开了京城，带着一脸憔悴出去寻找寄托感情的山水去了。

但是，跑出去之后，再也没有人跟自己聊天谈心了，再也没有理解自己的人跟自己喝酒听歌了，本是天生多愁善感的多情才子，又开始日日夜夜地思念虫娘。

于是，他便放下自己那才子的架子，给虫娘写了一首（《征部乐》）：

雅欢幽会，良辰可惜虚抛掷。每追念、狂踪旧迹。长祇恁、

愁闷朝夕。凭谁去、花衢觅。细说此中端的。道向我、转觉厌厌，役梦劳魂苦相忆。

须知最有，风前月下，心事始终难得。但愿我、虫虫心下，把人看待，长似初相识。况渐逢春色。便是有、举场消息。待这回、好好怜伊，更不经离拆。

虫虫，我真的好想你好想你，我每天每夜都在思念你，我们和好可以吗？你能像最初认识的时候那样对我吗？马上就要考试了，我马上就回到京城参加考试，我们再也不分开了，好吗？

于是，柳永同学在外面转了短短的一圈又回来了！

（二）二考

真宗祥符八年（公元 1015 年），已经 32 岁的柳永同学参加了第二次考试。其中范仲淹同学也参加了这次考试。这个二十多岁的小范同学考中了进士，然而这个老大不小的柳永同学却又落第了。

这次落第对柳永同学有点打击，如果说第一次是因为自己轻视考试没有考中的话，那么这次自己可是认真答卷，一丝不苟。为什么还要落第呢？

但是柳永同学不是风流潇洒的乐天派吗？怎么可以表现出痛苦郁闷的表情？怎么能表现出弱小困惑的姿态？你不是潇洒不羁吗？你不是风流自诩吗？

你给我笑，不能哭！

所以，柳永同学只能把一切的痛苦给积聚在心底，他内心里积聚了一层厚厚的凄凉的底色。

于是为了排解内心的痛苦，他就以一种变异的方式去释放，于是找几个街头阿三一起去喝酒，于是找几个妹妹一起听歌观舞。

醉眼朦胧的柳永仿佛看到了那个唐代的诗人，在红尘古道上吟唱着诗歌：

落魄江湖载酒行，楚腰纤细掌中轻。
十年一觉扬州梦，赢得青楼薄幸名。

是的，柳永小时候也嘲笑这个阿杜，嘲笑阿杜同学才华浅陋，嘲笑阿杜同学的坎坷落魄，嘲笑阿杜同学的行为不检……

可是现在……可是现在……可是现在柳永同学觉得这首诗就是一百多年前的阿杜特意为自己写的。

是的，它是为我柳永一个人写的！

在柳永那闪闪的泪光中，走出了那个一脸憔悴，艰难跋涉的阿杜，他的脚步一直不停地走下去……

（三）偏题

天禧元年（公元1017年），宋真宗为了纪念“天书”降世十周年，同时也为了给自己过50岁生日，他为此让手下的小弟们策划了一系列的庆祝活动。其中正月十一日，在南郊举行了活动开幕式。

在这次活动中，主持人也算是动了点脑筋，为了让更多的人参与到活动中来，也设置了一个有奖竞答环节，不对，应该说是观后感作文竞赛，其中获奖者即可获得宋真宗的封赏。

那些文艺工作者们听到之后，当然是一个个偷偷地乐了，活动还没有开始，就迫不及待地开始酝酿感情构思作品了。只恨不能在在主持人宣布之后立即把作品交上去。

柳永同学一直都在关注特招的机会，一听到这个消息，就高兴得热血上涌。于是精心构思，写出了一首《御街行·圣寿》：

燔柴烟断星河曙。宝辇回天步。端门羽卫簇雕阑，六乐舜韶先举。鹤书飞下，鸡竿高耸，恩霈均寰寓。

赤霜袍烂飘香雾。喜色成春煦。九仪三事仰天颜，八彩旋生眉宇。椿龄无尽，萝图有庆，常作乾坤主。

可惜的是，柳永同学只会写那种抒发个人感情的东西，像这种歌功颂德的东西掌握不了要领。

看看吧，他就连题目都拟得不行，这次活动重点是庆祝"天书"十周年而不是50岁生日，所以题目差不多算跑题了，要在高考作文中的题目偏离了主题，不知道还能够捞几分。

再看看他的行文吧，他只会一路铺叙，堆砌辞藻，但融入不了自己的真情实感。

我说了吧，我说了吧，果然柳永同学的文章又没能打动宋真宗，于是这次又泡汤了。

现在我们总是有些人看不起那些"御用文人"只能写写为政府粉丝太平装点门面的东东，其实也能够把御用文字写好，那也不简单了。至少柳永同学觉得那是有困难的。

（四）三考

真宗天禧二年（公元1018年），30岁的柳永参加了一生中的第三次进士考试，这次和他一起参加考试的还有大哥柳三复（看来一家的命运都不好）。

吸取了前两次的教训，柳永在这次进行了认真的复习，而且在复习期间一直都耐着性子没有去找自己的那些女朋友。

柳永从容地踏进了考场。

考场上，柳永聚精会神，认真读题，仔细构思。把题目琢磨了一遍又是一遍，把做答方案想了一个又是一个。眼看大家都沙沙沙地开始写了，柳永也动起了笔，每写一个字，柳永都用出了很大的力气。仿佛每一个字都是自己高中的希望。自己每一个字的力量够大，自己就有可能高中状元。

这次，柳永刚好在时间结束的之前一点时间交卷。

柳永想，这次应该没有问题吧，即使考不了全国第一，考个一般一般全国第三应该还是不难的，实在倒霉的话，中个进士那绝对是没有问题的吧。

柳永怀着三分自信离开了考场，又跑向大街去了。

柳大才子，考得怎么样？

应该还不错吧。

哦，那就等着柳公子请客吃饭了。

没问题。

（五）牢骚

文章憎命达！你想写出好的文章就别想有幸福的日子过，如果你想做个牛X的才子你就别想春风得意。

是的，我想起了我读高中的时候，在分文理科的时候，我一个老师就说了这句话：文章憎命达！选文科的同学们要注意了哦，选了文科可就注定要穷一辈子的呦！

如果说第一次落榜是由于轻视高考，第二次复习不够，那么第三既认真复习，又用心答卷了，可为什么还是没有考好呢，且不说全国第一了，一百名之内总有吧。为什么垫底都没有垫上呢？

柳永的确想不通了。

周围传来了亲人的唠叨声。

外面传来的嘲笑声。

笑什么笑？于是，柳永羞愧了，愤慨了，动怒了，于是内心一急，一首《鹤冲天》便真的就冲了出来：

黄金榜上，偶失龙头望。明代暂遗贤，如何向？未遂风云便，争不恣狂荡？何须论得丧。才子词人，自是白衣卿相。

烟花巷陌，依约丹青屏障。幸有意中人，堪寻访。且恁偎红倚翠，风流事，平生畅。青春都一饷。忍把浮名，换了浅斟低唱！

没有考中有什么关系呢？国家不承认我，社会承认我就行了。我考上了是个才子，没有考上就不是才子了吗？

老子不鸣则已，一鸣惊人，不飞则已，一飞冲天。考个状元，当个小官，那点虚名有什么了不起的，还不如趁着大好青春，好好地玩玩。

柳永，终于想通了，落榜的伤感被抛在了脑后，推开门便向平康里跑去，那里的美女们正等着他呢。

兄弟，你有气说说就算了，为什么还要写出来呢？人们说祸从口出，这点简单的道理你难道不懂吗？

这一年的八月，老赵的儿子赵祯被确立为皇位接班人，这时小赵才 9 岁，但仿佛这个 9 岁的小孩不简单，他听出了柳永同学的弦外之音。

柳永，你这小子，给我等着，我将来有你好看！

10. 依红偎翠——一种变相的反抗

（一）补救

柳永对考试的结果感到极度的痛苦，正在伤心的时候，又让他看到了一个时机——那就是赵桓那9岁的儿子赵祯被确立为皇位接班人。

柳永一直都在寻求被特招的机会，并且一直都在为这个精心准备，虽然一直都没有成功，但是他从来就没有忘记过。

于是，他抓住赵祯被立为太子的这个机会，又给老赵写了一首词——《玉楼春》：

星闹上笏金章贵。重委外台疏近侍。百常天阁旧通班，九岁国储新上计。

太仓日富中邦最。宣室夜思前席对。归心怡悦酒肠宽，不泛千盅应不醉。

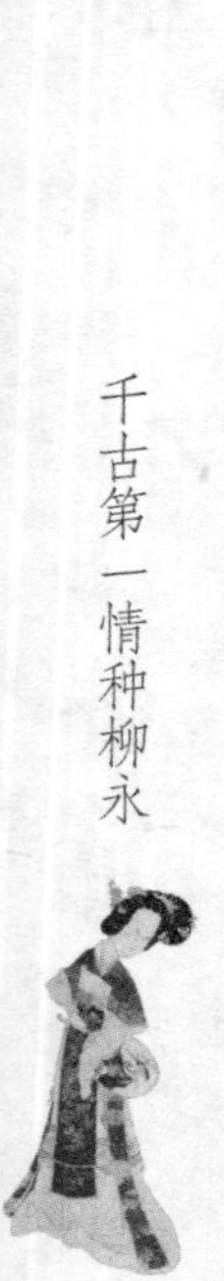

在这首词里柳永照例是把老赵给颂扬了一番，因为柳永懂得每个人都是喜欢受到别人的赞扬和肯定的，即使是像老赵这样的所谓天子同样逃不脱人类的本性。

一开始就说老赵善于纳谏，远离亲近自己的小人而重用流落外面的大臣，并且英明地把赵祯确立为皇位接班人。

接着又说国家的粮库储备日益富足，老赵礼贤下士重用人才，做小弟的一个个乐于为老赵效劳。

柳永虽然没有直露地说：老赵你要给我个官做。但还是充分表明了自己的心迹：小弟柳永希望能够来到您的身边，那时候我就高兴得喝酒的肠子都宽了，不喝一千杯也不会醉！

很遗憾，柳永为了考试落榜而采取的补救措施没有看到成效，于是他对赵家的这家政府有些失望了，于是真就去“依红偎翠”了，去“浅斟低唱”了……

（二）全职

柳永对公务员失去了信心，也失去了兴趣，踏踏实实地当一个职业作家吧，就为那些歌妓们写词，她们有的是钱。歌妓们一个个争先恐后地向柳永约稿，并且每次都给出超额的稿费，柳永一下子成了全国范围内稿费收入最高的人。只是他们那时候不像现在一样流行出书，要是能够出书的话，柳永的作品一定是高居畅销书排行榜之上。

可是很不幸，这个才子生活自理能力不强，又不会理财，拿到钱之后，就只知道做三件事情：第一，喝酒。第二，给女朋友买礼物。第三，听歌观舞。通过这三件事把自己的稿费一分分地给挥霍出去。以至于死后，没有钱安葬。

当然，此刻距离死还远着，那我们就看看柳永这个败家子过的是怎样的生活：

帝城当日，兰堂夜烛，百万呼庐，画阁春风，十千沽酒。

这败家子动不动就千金一掷，动不动就给人家大把大把的小费，动不动就没日没夜地喝酒听歌，动不动就找小姐一起厮混。

后来人们都说，柳永干这一行没有挣到多少钱，实际上大家都错了，钱的确是挣到了不少，但是挣到的钱全都花在吃喝享乐和情人身上去了。只是没有放到银行里面存下来而已，要在一直存到现在，柳传志就根本不用去开什么公司，当什么董事长，吃他老祖宗的利息就足以把他撑得半死不活。

柳永从事这份职业没有获得分毫积蓄，但是成就还是存在的，那就是认识了不少的美女，而且把这些美女给研究透了，以至于这些红楼美女对柳永是既崇拜又热爱，

（三）厮混

有一天柳永路过丰乐楼前，这座楼是城中最繁华的一个地方，歌妓们在这里摆摊买酒，然后共分利润。

忽然，柳永听到楼上有人叫“柳永”，柳永抬头一看，原来是张师师。师师“耍峭而聪敏”，并且酷喜填词和作曲。柳永与师师交往甚密。

柳永走上楼去，师师立即变脸责怪道：“数时何往？略不过奴行，君之费用，吾家恣君所需，妾之房卧，因君罄矣！岂意今日得见君面，不成恶人情去，且为填一词去！”

平日你要多少钱，我全都给你，我的房间，因你而空着，不招别人。没想到今天让我碰到了你，你好好帮我写一首词再走。

柳永说：“往事休论。”

以前的事你就不要再提了，我写就是了。

于是师师一边叫人打酒，自己连忙找来笔墨纸砚，。

柳永正用手压住纸张，开始写，忽然又听到有人登楼的声音。柳永知道又来人了，于是连忙把纸藏到怀里。

原来是刘香香来了，她走到柳永身前，说：“柳官人，也有相见。为丈夫岂得有此负心！当时费用，今忍复言。怀中所藏，吾知花笺矣。若为词，妾之贱名，幸收置其中。”

柳大才子，咱们也是老朋友了，你用了我多少钱我都不忍心说了，我知道你怀中藏着纸张，如果是写词的话，希望你也

能够写上我的小名。

柳永惭愧地笑了笑，拿出纸，正凝神构思，又听到有人登楼的声音，柳永来不及藏好纸张，只见老熟人钱安安来了。

安安打了招呼之后，转而对柳永说："得非填词？"

柳永说："正被你两姐姐所苦，令我作词。"

安安笑曰："幸不我弃。"

希望不要把我给忘记了。

柳永于是连忙运笔，一挥乃至。

三妓私喜："仰官人有我，先书我名矣。"

乃书就一句："师师生得艳冶，"

香香、安安皆不乐，欲掣其纸。

柳再书云："香香于我情多。"

安安又嗔柳曰："先我矣！"

挼其纸，忿然而去。

柳遂笑而复书云："安安那更久比和，四个打成一个。幸自苍皇未款，新词写处多磨，几回扯了又重挼，奸字中心着我。"

就这样那首无聊的游戏之作——《西江月》就这样诞生了：

师师生得艳冶，香香于我情多。安安那更久比和。四个打成一个。

幸自苍皇未款，新词写处多磨。几回扯了又重挼。奸字中心著我。

为什么历史上有名的歌妓的名字都是这样的有规律呢，陈圆圆，李思思，苏小小……

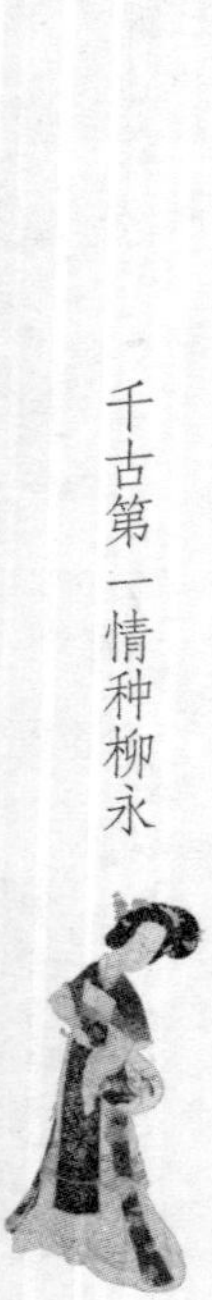

（四）名妓

柳永在词坛独步天下，不过文人总是有点缺点，他也没能逃脱恃才傲物的局限，没有一个人看得入眼，大有韩寒的姿态：不参加研讨会，交流会，笔会……

缙绅之门，绝不去走，文字之交，也没有人。

他整天就只知道在花街柳巷来来去去，朝朝楚馆，夜夜秦楼。那些稍有名气的歌妓一个个都以得结识他为荣，在那歌妓圈中，谁不认识柳永，那就是不入流的人，甚至不能列入“姐妹”。那么就让我来帮大家介绍介绍这些歌妓名流吧！

为了系统起见，我们就给柳永评个十大情人，前面的师师，香香，安安已经占据了三个名额，那么下面就从第四个开始介绍。不急，不急，一个一个地来。

第四位：秀香。

这个女孩的声音很好听，而且最会唱歌，长得明眸皓齿，闪闪发亮的黑眼珠仿佛是用层层的水波精心剪裁而成似的，雪白而圆圆的颈就像是用细腻的白玉搓成似的。唱歌的时候，歌声高耸入云，这样说来，比宋祖英的嗓门还要高。柳永最喜欢听她的声音，于是为她写了一首《昼夜乐》：

秀香住桃花径。算神仙、才堪并。层波细翦明眸，腻玉圆搓素颈。爱把歌喉当筵逞。遏天边，乱云愁凝。言语似娇莺，一声声堪听。

客房饮散帘帏静。拥香衾、欢心称。金炉麝裊青烟，凤帐烛摇红影。无限狂心乘酒兴。这欢娱、渐入佳境。犹自怨邻鸡，道秋宵不永。

第五位：英英。

这是位擅长舞蹈的美女，跳舞的时候，腰肢柔软仿佛章台之柳，舞姿轻盈可比昭阳飞燕。无论是官府的宴会，还是富豪的宴会，都以千金争相邀请。不但舞跳得非常棒，而且也长得相当的漂亮，望人一眼简直就要摄人心魂，柳永只是被她看一眼，肠子都想断了，柳永为她写了一首《柳腰轻》：

英英妙舞腰肢软。章台柳、昭阳燕。锦衣冠盖，绮堂筵会，是处千金争选。顾香砌、丝管初调，倚轻风、佩环微颤。

乍入霓裳促遍。逞盈盈、渐催檀板。慢垂霞袖，急趋莲步，进退奇容千变。算何止、倾国倾城，暂回眸、万人断肠。

第六位：瑶卿。

这位小姐不简单，不像一般的歌女那样会唱歌跳舞，她最突出的特长就是写诗，想我柳永一辈子也没有写过几首诗，她居然会写诗，自然对她是刮目相看。在柳永离开京城之后，这位小姐还时常给柳永寄送诗歌。柳永为她写了一首《凤衔杯》：

有美瑶卿能染翰。千里寄、小诗长简。想初襞苔笺，旋挥翠管红窗畔。渐玉箸、银钩满。

锦囊收，犀轴卷。常珍重、小斋吟玩。更宝若珠玑，置之怀袖时时看。似频见、千娇面。

第七位：琼娥

这位琼娥姐姐长得也是千娇百媚，柳永看美女首先看的是女生的眼睛，而琼娥姐姐的眼睛就像层层的水波裁剪而成的。她的化妆打扮总是很淡很淡，就像没有化妆一样。柳永为她写

了一首《西施》：

柳街灯市好花多。尽让美琼娥。万娇千媚，的的在层波。取次梳妆，自有天然态，爱浅画双蛾。

断肠最是金闺客，空怜爱、奈伊何。洞房咫尺，无计枉朝珂。有意怜才，每遇行云处，幸时恁相过。

第八位：心娘。

心娘姐姐乃是一位舞蹈高手，打小就开始学习舞蹈，舞姿娴熟自然，技艺造诣很高，出场费自然也贵，柳永为她写了一首《木兰花》：

心娘自小能歌舞。举意动容皆济楚。解教天上念奴羞，不怕掌中飞燕妒。

玲珑绣扇花藏语。宛转香茵云衬步。王孙若拟赠千金，只在画楼东畔住。

第九位：佳娘。

佳娘姐姐估计和前面的心娘姐姐和后面的酥娘姐姐以及虫娘姐姐四人结拜为姐妹。她的特长也是唱歌，歌声高亢有力，柳永有《木兰花》一首可以证明：

佳娘捧板花钿簇。唱出新声群艳伏。金鹅扇掩调累累，文杏梁高尘簌簌。

鸾吟凤啸清相续。管裂弦焦争可逐。何当夜名入连昌，飞上九天歌一曲。

第十位：酥娘。

最后一位酥娘姐姐善于舞蹈，但她有一个最大的特点就是身材苗条，苗条得简直是一把就可以握住。就像其他三位姐妹一样，柳永也为她写了一首《木兰花》：

酥娘一搦腰肢袅。回雪萦尘皆尽妙。几多狎客看无厌，一辈舞童功不到。

星眸顾指精神峭。罗袖迎风身段小。而今长大懒婆娑，只要千金酬一笑。

完了，完了，终于完了，十大情人评选活动到此结束，当然柳大才子的女性朋友或者说是情人远远超过此数，这十位也不一定是北宋最优秀的女生。但是柳大才子既然在自己的词中点名了，那我们就尊重他的意愿吧。

这十大情人加上红颜知己虫娘以及谢玉英姐姐将是柳永同学在出走京城之后日日夜夜思念的对象。

11. 小赵上台——柳大才子的日子不好过了

（一）赵祯

真宗乾兴元年（公元 1022 年），老赵去世了，13 岁的小赵接任他老爸的职位，开始干起了皇帝。

赵祯（公元 1010 年—公元 1063 年）是大宋王朝的第四任皇帝（公元 1023 年—公元 1063 年在位），他本来的名字叫赵受益，在当选为皇位接班人的时候把名字改为了赵祯，他是一位除了会当皇帝什么都不会的人。

小赵也算是个不错的皇帝，没有人们所传扬的那样小肚鸡肠，也没有人们所认为的那样昏庸不堪。他是一个规规矩矩老老实实的人，自己也知道自己没有什么能耐，智商也高不了其他人，但是他能够知人善任（柳永另当别论），而且能努力向上奋发学好。他就像那种刻苦学习但是天赋平庸所以成绩平平的学生。

他一生追求儒家的最高理想：仁！这可是历代帝王都不敢追求的荣誉称号，而小赵居然一直都孜孜以求，最后终于获得了自己想要的荣誉称号：宋仁宗！不过这也导致后来“仁”的泛滥，什么元仁宗啦，明仁宗啦，清仁宗啦……没完没了，就像现在的人们动不动就称这个为大师称那个也为大师一样，导致荣誉称号迅速贬值。

当年小赵听到柳永的《鹤冲天》就为他老爸感到极度不平，如今自己上台了，你柳永的好日子来了，看我整死你。等着，等着，看你怎么死的。

（二）悲剧

小赵虽然是堂堂一国之君，但是一出生就充满了悲剧，就连自己的妈妈到底是谁这个问题，都足以让他去琢磨大半辈子。而且在自己上台之后，像西夏那些外国就一个个地前来欺负他，他们一有不顺心的事情就来找小赵的麻烦，而且火气一来就要打他。

但是他从小认真学习，把“哆唻咪发嗦啦西”这些玩意都弄清楚了，而且还学会了怎样写歌词——填词。

小的时候，小赵当然是住在皇宫里面，皇宫里面的人见小赵这么有才，一个个都极力夸赞他，他每写好一首之后，他都会把自己的歌给教坊乐工去唱。

可是，等到自己越来越大，尤其是自己干起皇帝之后，却发现越来越多的人们都在唱柳永的词，而且每到一处总能听到人们谈论柳永的事情，大家再也不提小赵的名字了。

自己的风头全部被这姓柳的家伙给抢跑了，本是充满自卑感的小赵就更加郁闷了。

其实小赵自己也很喜欢柳永的词，但是为了填补自信的贫乏，为了打击这个“敢跟我斗”的敌人，小赵就开始寻找柳永的缺点了，当他找出柳永的缺点之后，他就开始“留意儒雅，务本理道，深斥浮艳虚美之文”了。

姓柳的，等着！新仇旧恨一起算。

（三）黜落

在老赵干皇帝的时候，柳永潦倒落魄了好一阵子，所以后来人们说“柳永蹉跎于仁宗朝”是不对的，而应该说是从真宗一直蹉跎到仁宗。蹉跎来蹉跎去，把柳永对科举考试的信心都给蹉跎没了，同时把他对仕途的兴趣给蹉跎得光了，使他转而一心想当自己的自由撰稿人，全心全意地去给教坊乐工和歌儿舞女们写词。

可是现在小赵上台了，柳永又对自己的仕途萌生了一线希望，就像奥巴马同学继小布什同学上台一样，人们总是对新上台的人物没来由地充满了期望。

于是在仁宗天圣二年（公元 1024 年），年纪 41 岁的柳永参加了第四次进士考试。

据说失败是成功的妈妈，柳永就期望这位妈妈能够生出一位成功的儿子，果然这个儿子被生出来了，但是很不幸，这个可怜的婴儿被小赵给扼杀在了襁褓之中。

事情是这样的。

柳永吸取了前面三次考试的经验教训，认认真真规规矩矩踏踏实实地做完了这第四次考试的卷子，果然分数已经够了录取分数线，但是，在小赵老师最后查卷放榜的时候，突然想起了柳永这个名字。

对了，就是那个写《鹤冲天》的家伙，于是小赵又去把柳永的《鹤冲天》找了出来，再一次进行了拜读：

黄金榜上，偶失龙头望。明代暂遗贤，如何向？未遂风云便，争不恣狂荡？何须论得丧。才子词人，自是白衣卿相。

烟花巷陌，依约丹青屏障。幸有意中人，堪寻访。且恁偎红倚翠，风流事，平生畅。青春都一饷。忍把浮名，换了浅斟低唱！

“明代暂遗贤”，啥意思啊？难道说我老爸暗昧糊涂不识英才？小赵看到这里就很不是滋味。

接着看吧！

“才子词人，自是白衣卿相。”

小赵看了，首先是笑，接着是怒。

好好好，才子词人……自是白衣卿相，牛，的确是牛。

“忍把浮名，换了浅斟低唱！”

居然还说“忍把浮名，换了浅斟低唱！”那你为什么还要来考试，你这虚伪的东西，自己没有本事考上就算了，居然还说什么忍把浮名换了浅斟低唱，真是不知道丢脸是多少钱一斤。

你不是很狂吗？你不是很牛吗？你不是要把浮名换个浅斟低唱吗？你不是才子吗？你不是白衣卿相吗？

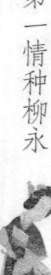

那好，且去浅斟低唱，何要浮名？

于是小赵拿起红笔，X！把柳永的大名给画掉了，那一笔就像一把锋利的剑，那一画就像一道刀痕，柳永被一剑刺得鲜血直流，导致他后面的十年萎靡不振。

（四）推荐

虽然柳永没有什么有权有势的朋友，但是欣赏他才华的人还是有的，当时一个朝廷的“入内都知史”听到这个传闻，对柳永产生了同情之心。

有一次他和小赵单独呆在一起的时候，他便乘机向小赵推荐柳永同学。

老大，柳永这个人嘛，我们都听说过的，的确是很有才华的一个人，从小就闻名乡里，现在我们可能只是听说她写了一些浮华的艳词，其实不是这样的，这个人不是那么简单的人，他受过严格的教育，他的家人几乎也全在政府部门工作。我看，老大，你是不是可以考虑一下。

你说的是那个填词的柳三变吗？

是的！就是他。

那就让他去填词吧！

其实，柳永的确是受了极大的冤屈，你看小赵听到柳永这个名字就想起这个人是写词的，而他的其他才能就被忽视了。

柳永写词只是他能力的一个很小的一方面，就像诗词写作只是毛主席能力里面一个很小的方面。柳永的散文，柳永的诗歌，柳永的赋在当时都是出了名的。不说后来的《赠内臣孙可久》和《煮海歌》，就说他小时候写的《题中峰寺》和《劝学文》就可见一般。

其实，不但是小赵同志没有了解柳永，就是后来的人们，甚至包括生活在今天这伟大的21世纪的同胞们，大家都没有全面地了解过柳永的才华。

《嘉庆余杭县志》就说柳永同学“长于词赋”，意思很明显，柳永同学不只是词写得好，而且赋也写得漂亮。还有叶梦得老师在《避暑诗话》中也说柳永同学“善为他文辞”，意思是说除了词之外，其他体裁的文章也写得不错。更有一个叫做周煇的老师在一本《清波杂志》里说柳永同学“为文甚多，皆不传世”。

大家是不是曲解柳永同学了啦，是不是对他才华的认识太片面了呢？

不过也不能太过责怪大家，怪也只能怪他的词名太大了，全国上下就没有一个人在这个时候能和他比一比的，导致大家都把柳永和柳永词画上了等号。

看来，柳永同学的确是没戏了，是的，没戏了，没戏了。

12. 我不求人富贵——人需求我文章

（一）老吕

小赵第一没有阅历，第二没有工作经验，第三没有超人的才华，按照现在的眼光来看，他是绝对干不了这份工作的，但是没有办法，谁叫那时候的皇帝是世袭制呢，他不想干也得干。

干就干吧，反正有人帮忙打点，再说一把手通常也不用干什么具体的事情，所以小赵一上台就有一个姓吕的老师来教他。

他叫吕夷简（公元978年—公元1040年），也很有点来头，他伯父吕蒙正是宋太祖时的宰相，他爸爸吕蒙亨做过大理寺丞，他爷爷吕龟祥曾做过安徽寿州的知州。

废话不说那么多了，回到正题上来，话说一眨眼这老吕就到了45岁生日，虽然不是整寿，但既然是宰相，怎么也得庆祝一番。这个时候，老吕终于想起了那个会写词的柳永同学来了。

柳永正在歌楼喝酒听歌，没想到吕夷简同学的小弟不简单，一直找到这里来了。

老吕过生日，家妓没有新歌祝寿，所以想请柳大才子帮个忙，希望能够立即完成，让我马上带回去给歌妓们演习。

柳永一听，机会来了。想这劳务费倒是小事，这关系才是大事，于是连忙取出两张纸，写下了一首《千秋岁》：

泰阶平了，又见一合耀。烽火静，杉枪扫。朝堂耆硕辅，樽俎英雄表。福无艾，山河带砺人难老。

渭水当年钓，晚应飞熊兆；同一吕，今偏早。乌纱头未白，笑把金樽倒。人争羡，二十四遍中书考。

柳永写完后，终于感到自己的确像是个才子，堂堂宰相都知道自己的大名，得意之情没有地方倾泻，只见还有一张纸，于是又写了一首《西江月》：

腹内胎生异锦，笔端舌喷长江。纵教匹绢字难偿，不屑与人称量。

我不求人富贵，人需求我文章。风流才子占词场，真乃白衣卿相。

但是没有想到，那小弟也没有看，就匆匆忙忙地把这首词也给拿走了，因为他一个小弟懂什么，中学都没有读一个，只知道搞点儿什么关系，所以才得以托身于相门之下。

拿起稿子就飞快地回去报功去了，而这柳大才子一时间也得以忘形忽略了第二首词。

得意吧，后面就有你好看的。

（二）名片

都说柳永这小子狂傲，我看不是那么回事吧！这不，这么快就把词给老夫送过来了。

老吕展开一看，居然看到了两首，本来只是让他写一首，居然如此客气还给自己写了两首，于是一缕欣慰的笑容从脸上钻了出来。

先看看再说吧，他展开了第一首，正是《千秋岁》，柳永历数了他的功劳，给予了无限的赞誉，把老吕这一身骨头给夸得飘飘然起来，只恨不能自己给自己叫好。

还有一首呢，老吕接着展开了《西江月》，当他看到“纵教匹绢字难偿，不屑与人称量”的时候，他开怀地笑了。

没有想到这大才子居然也计较那么一点润笔费，好，我再找人给他送去。

但是还没有看完，可是接下来的两句就激怒了他。

“我不求人富贵，人需求我文章”。这是啥意思，这家伙果然像人们说的那样，老夫求你什么了，难道老夫没有给你稿酬吗？

于是老吕从此衔恨在心。

而柳永却把写词那件事情忘记得干干净净，只是盼望着他日老吕能够关照关照自己。

又过了不久，正值翰林员缺，吏部有人想推荐柳永名字，也给小赵提过意见，这小赵本来是想打击柳永，但是自己也不好意思说反对，因为自己没有光明正大的理由，于是他估计问了问老吕。

我想把柳永招进来当翰林，你对这个人熟悉吗？

此人虽有词华，然恃才高傲，全不以功名为念。日夜留连妓馆，大失官缄。若重用之，恐士习由此而变。

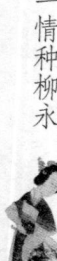

小赵一听，乐了，没想到居然也有像自己一样恨柳永的人，于是他朱笔一挥：

柳永不求富贵，谁将富贵求之？任作白衣卿相，风前月下填词。

从此以后，柳永更加放荡不羁，以妓为家。而且还在一个手板上写了七个字：奉旨填词柳三变。

他想到到某妓家，就先将此手板送去，相当于自己的名片，这一家便整备酒肴，伺候过宿。第二天再要到某家，这样反复不断，大有皇帝夜宿的模式。

当然，这只是传说。

13. 悲哉秋之为气也——别了东京

（一）奉旨

我们还是回到现实中来，柳永得知自己落榜的实情之后，他崩溃了，彻底崩溃了！柳永对小赵充满的美好幻想一下子成了肥皂泡全都破灭了。

老大不小的柳永同学，感觉自己受到了极大的羞辱，于是对赵家政府彻底地失望了，从而也就再没有什么顾虑了。为了释放心中无限的苦闷，每天都和一群狐朋狗友到酒楼上去喝酒，到歌馆里去取乐。

而且他还干了一件很绝的事情，不是你小赵让我“且去填词”吗？你不是皇帝吗？皇帝的话不是圣旨吗？

好！草民领旨！于是柳大才子从此自称“奉旨填词柳三变”，并且到处宣扬自己的名号，利用小赵这个国家领导人的名人效应为自己招揽生意。

这个消息传开之后，柳永的名气就更大了，幸亏那时候没有现在这些发达的网络媒体，不然的话，这条新闻将要被炒得烧遍东京城。

从此以后，柳永便把与歌坊乐工和青楼歌女的合作推向一个新的高潮，柳永决定要把自己做强做大，要最大化自己的社会影响力。

狠，这招够狠，估计小赵同志也被呛得两眼发白！

福兮祸之所倚，祸兮福之所伏，没有想到自己对他的打击反而成了人家扬名天下的机会，小赵输得心服口服。

（二）悲秋

几乎每一个人都可以从历史人物中找到知己，让人们感觉这个人就是自己的前世，而自己就是他今生的投胎。柳永的知己是屈原老师的学生宋玉同学，这是柳永一生都在念叨的一个人。柳永继承了宋玉悲秋的基因，一到秋天，那基因的特征就明显地表现出来了。

秋天到了，天气凉了，树叶黄了，柳永可不就开始悲秋了吗？老爸已经去世了，家人也没有了联系，突然柳永觉得这座城市不属于自己的，自己是被排斥在外的。

他想起了自己自从来到京城，虽然名气如日中天，但是从来都没有得到政府的礼遇。无论自己怎么努力，无论是参加正规的全国统一考试，还是积极给国家领导人献词，始终都没有结果。

柳永对自己的聪明才智从来都没有怀疑过，一直都坚信自己一定会考中进士，一定会仕途得意，一定会建功立业，一定

会扬名天下。、

可是，自己只是实现了最后一个理想，的确已经扬名天下，并且远远超出了自己的期望，但是除了有名之外，什么进士什么仕途什么功业……什么都没有。

于是他产生了一个想法，离开京城，去江南旅游。可是他又放不下自己的心中她——虫虫！

这个自己最为心爱的女人，这个红颜，这个知己，这是普天下所有的才子都怀有的一个梦想，这个梦想居然被我这个一无所有的柳永给得到了。

想到这里，柳永又感到有些欣慰，感到上天对自己的厚爱。

但是京城的确是一个让自己再伤心不过的地方，自己再也没有脸面见那些读书人了，自己曾经一次又一次地参加考试，一次又一次地夸下海口，可是结果总是一次又一次地落榜，没有人承认我柳永的能力。

柳永甚至真的开始对自己的才华和能力进行了怀疑，难道自己真是只是个才华浅陋的市井文人吗？难道自己真的无法登上大雅之堂吗？难道自己真的就只能和这些地位卑下的歌妓们呆在一起吗？难道……

柳永又想到自己对嫣然的失信，对虫虫的誓言，感觉自己真的是太对不住她们了，自己真的很没有，没用，真的没用。

于是柳永嚎啕大哭，泪水横流，淹没了曾经那个风流潇洒笑傲明天的白衣才子。

（三）离别

虫虫，我要离开京城了，可能一辈子都不会回来了，我要永远离开这个让我伤心的地方了，可是我真的是舍不得你。

我跟你一起离开这里，咱们像范蠡西施一样泛舟五湖不问世事，这样好吗？

不行，我不能让你跟着我受苦，你聪明漂亮，可以找到一个前途远大的理想丈夫，而不是我，我什么都不能给你。跟着我你只会苦一辈子。

可是我不在乎，我只要跟你在一起，我们有苦一起吃，有难一起当，只要我们永远呆在一起就好。

不，我是一个很没用的人，我让你失望过一次又一次，也让家人失望了一次又一次，现在我是一个天底下的大罪人，我没有资格得到别人的爱，尤其是你的爱。

不，你不是，你只是时运还没有到，你有能力有才华，你一定能够考取功名建功立业的，我相信你。

考取功名？建功立业？我曾经也是这么认为，我曾经也是这么想，可是……可是……可是现实把一切都给否定了。我一直都不信命，可是我现在不得不认了。

于是相拥而哭，泪水直流，于是那首传唱千古的名篇《雨霖铃》就在这一刻诞生了：

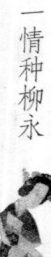

寒蝉凄切，对长亭晚，骤雨初歇。都门帐饮无绪，留恋处，兰舟催发。执手相看泪眼，竟无语凝噎。念去去，千里烟波，暮霭沉沉楚天阔。

多情自古伤离别，更那堪，冷落清秋节。今宵酒醒何处，杨柳岸，晓风残月。此去经年，应是良辰好景虚设。便纵有千种风情，更与何人说。

一叶扁舟顺水而下，一直驶向那茫茫的千里烟波之中……

第三章

艰难跋涉的壮年柳永

1. 旅游散心——还是老地方

（一）水路

又是一阵冷雨过后，一道彩虹出现在天边，秋蝉在河边枯败的杨柳上不断地哀鸣，西风吹着小小的船儿慢慢地驶向远方。

柳永回首遥望，虫虫距离自己越来越远了，但是他仍然可以看到虫虫的身影，只是变得越来越小了……最后终于消失在视野之内。

她大概已经回到城里去了吧，可是柳永的眼前满是烟雾缭绕的的树林，遮住了遥远的京城。

柳永想起了自己和虫虫最初相遇的情景，想起了和虫虫待在一起的快乐时光，想起了一起时的温馨浪漫……如今一切都没有了，全部成为了过去。

远望南方，自己将要去的吴邦越国还有多远呢？而眼前只有茫茫的烟水。于是柳永为了抒发自己的感情，写了一首《引驾行》：

虹收残雨。蝉嘶败柳长堤暮。背都门、动消黯，西风片帆轻举。愁睹。泛画鹢翩翩，灵鼍隐隐下前浦。忍回首、佳人渐远，想高城、隔烟树。

几许。秦楼永昼，谢阁连宵奇遇。算赠笑千金，酬歌百琲，尽成轻负。南顾。念吴邦越国，风烟萧索在何处。独自个、千山万水，指天涯去。

路还远着呢，反正你又没有急事，慢慢走吧！

（二）扬州

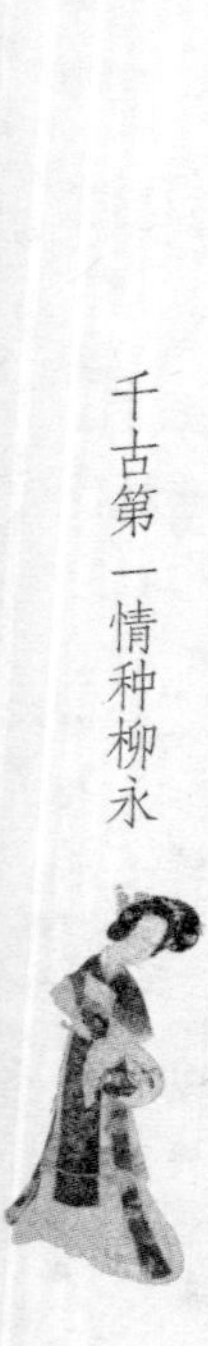

一路劳顿，终于来到了扬州，这个自己曾经来过的地方，这个小的时候来过，进京的时候也来过的地方，如今是第三次来了。柳永感到是那么的亲切。

柳永找好了旅社，便走到大街上去，一边逛街，一边打听自己曾经认识的那些朋友，当然也包括歌女。但是当年的那些歌馆酒楼很多都已经拆迁了，改建了新的门面。

柳永跑遍了每一条街道，当他拖着疲惫不堪的身躯回到旅社的时候，半个朋友都没有找到，有的只是那些熟悉而又陌生的建筑和街道。

天气已经晚了，等睡过一觉，再继续找吧。

柳永在第二天一大早就起了床，起床之后，就往大街上走

去，他一边走一边回忆。

当年的那些熟人们都在哪些地方呢，由于那时候没有手机没有网络，所以大家平时也很少联系，甚至根本就没有联系。所以柳永尽管努力地回想，但只是能够回想起很少的一部分。

于是，柳永就向这些地方奔去，当然也少不了打听打听，但是每当问到一个人的时候，大家的脑袋均作横向运动，没有一个人的脑袋作纵向回答。

总能找到一两个吧，柳永并不泄气，于是继续向那些大街小巷走去，他一边走一边察看……只要有一个稍有印象的地方他都要停下来仔细地想想，想想这里面到底有没有自己要找的人。

然而非常不幸，柳永陪太阳走了一天，直到傍晚也没有找到一个朋友。

郁闷，回去休息吧，看来真的是找不到了。

（三）小诗

看来出游没有柳永想象的那么美好，没有想象的那么快乐，也没有想象的那么浪漫。

柳永在扬州呆了一段时间，感觉生活十分的无聊，全然没有从崇安出来之时的那种期待，生活平淡得像一杯白开水，每天都在喝，但是不咸不淡，什么味儿也没有。

正在百无聊赖的时候，一件小事暂时驱散了柳永同志内心的孤苦与寂寞。

远在京城的瑶卿姐姐给柳永寄来了一封信，像自己这么没用的人，她们居然还记得，当然我们搞不懂的是，瑶卿怎么知道柳永的地址，难道真的是飞鸽传书？

柳永收到信的喜悦，就象我们在这信息时代所收到的信一样。他把信封前后看了看，然后才小心翼翼地把信拆开，全然不像一位豪情男儿的举动。对着那小小的字迹，柳永开心地笑了。

看完之后，他又从头慢慢看起，生怕像猪八戒尝人参果一样，没有领略到瑶卿的意思。他一连看了好几遍，他把信放到信封装好，像宝贝一样地装在锦囊里面，然后放到了衣袖里面。

日子一天天地过去，柳永为了打发那些无聊的时间，常常就把瑶卿的信拿出来看上几眼，仿佛就因此见到了瑶卿那千娇百媚的脸庞。

孤单，寂寞，无聊的人总是喜欢写点东西，无聊的柳永写了一首《凤衔杯》，我们在前面评选柳永十大情人的时候，已经见过这首词，现在我们重新欣赏欣赏：

有美瑶卿能染翰。千里寄、小诗长简。想初襞苔笺，旋挥翠管红窗畔。渐玉箸、银钩满。

锦囊收，犀轴卷。常珍重、小斋吟玩。更宝若珠玑，置之怀袖时时看。似频见、千娇面。

柳永同志很喜欢这种书信的交流方式，在以后的日子里，柳永也断断续续地受到一些信，柳永把歌妓们写给他的每一封信都视若珍宝地，一一珍藏起来。

（四）朋友

朋友！朋友是最大的问题，他一个朋友都没有。柳永一路流浪，到了那儿就借宿在那儿的旅馆，

所以在大家高高兴兴地去旅游的时候，到吴山越水到处去嬉戏的时候，柳永却一点心情都没有，连眼睛都懒得抬一下。

难道柳永不想吗？错！柳永这种性格浪漫的风流才子怎么会不喜欢游山玩水呢？

没有朋友，没有心情，一个人去太没有意思了。

不在寂寞中恋爱，就在寂寞中变态。柳永是这个繁华的北宋最孤独最寂寞的人，他被这孤独和寂寞折磨得不行，总得找个释放的出口吧。

喝酒去，听歌去，观舞去……

于是柳永又跨进了歌楼酒馆，他疯狂地喝酒，大声地吆喝，放荡地大笑……可是，他又突然流出了伤感的眼泪，他扔下钞票，推开歌妓，跑出青楼，回到了自己的旅社，从枕头底下找出情人们的书信，仔细地看了一遍又是一遍，可是他越看就越伤感，泪水直流，内心的伤感尽情地肆虐，柳永虽然没有学过初中思想政治，但是他知道利用日记来转移自己的穷愁苦闷，于是他又拿出了纸笔，写下自己的心情：

追悔当初孤深愿。经年价、两成幽怨。任越水吴山，似屏如障堪游玩。奈独自、慵抬眼。

赏烟花，听弦管。图欢笑、转加肠断。更时展丹青，强拈书信频频看。又争似、亲相见。

寂寞的人都喜欢回忆，连日里柳永不断地回忆京城里的那些情人，他想起了时常给他写信的瑶卿，他又想起了虫虫，还想起了秀秀、英英……而此时唯一能给他带来慰藉的就只有瑶卿的那些小诗，于是瑶卿又仿佛站在了自己的眼前，于是柳永继续写（《少年游》）：

淡黄衫子郁金裙。长忆个人人。文谈闲雅，歌喉清丽，举措好精神。

当初为倚深深宠，无个事、爱娇嗔。想得别来，旧家模样，只是翠蛾颦。

困了，困了，不写了，睡吧。

一夜凉风吹白了柳永的鬓角。

（五）思念

柳永来到了杭州的时候又到了一个春天，柳永的运气坏得有深度，没想到换了一个城市依旧没有找到什么好朋友，

明媚的阳光照耀着盛开的花儿，暖融融的东风吹拂着纤细的杨柳……

抬头望去，到处都是红男绿女，他们穿着时髦，活力四射，有的卿卿我我，有的打情骂俏，那些眉飞色舞的眼睛让柳永伤感不已。

是的，柳永是才子，他的特长除了伤春悲秋之外，还会伤情悲事，一路走来，现在还是孤单一人，茕茕孑立形影相吊，柳永多么需要一个朋友，尤其是一位温柔女性朋友。

当初，京城的她们还不远千里地给柳永寄信，可是如今再也没有一个人来信了，就连最热爱写诗的瑶卿都不写了。

柳永从包袱里把那些信件找了出来，接着淡淡的烛光，一封接着一封地看，于是柳永想起了自己在京城的生活。

京城，曾无数次地放纵自己，在青楼酒馆，沉湎于声色酒乐，跟这个谈情，又跟那个恋爱，她们现在都怎样了呢，也许遇到良辰美景的时候，她们也许也在思念我吧。就像我对她们的思念一样。

柳永的感情总是难以储蓄，想过念过，爱过痛过之后，总是要把它写出来，那就写吧，于是柳永写了一首《两同心》：

伫立东风，断魂南国。花光媚、春醉琼楼，蟾彩迥、夜游

香陌。忆当时、酒恋花迷，役损词客。

别有眼长腰搦。痛怜深惜。鸳会阻、夕雨凄飞，锦书断、暮云凝碧。想别来，好景良时，也应相忆。

可是，究竟是不是不是两同心，谁知道呢？

（六）疲惫

柳永在江南已经流浪了了太久的时间，夜夜都是对东京情人的思念，天天都是对羁旅愁苦的哀叹，他已经感到极度的身心疲惫。

他怀着美好的想象，睡着了，好好睡一觉吧，好久都没有睡过好觉了……梦中柳永又见到了自己的虫虫，见到了瑶卿，也奇怪地见到了嫣然，见到了玉英……一张张熟悉的面庞交替出现，一张张的脸都是那么的娇秀，一张张表情都是那么的深情。

天亮了吗？外面是什么在叫？柳永被惊醒了，原来真的是天亮了，外面的公鸡正在啼叫。

柳永无奈地叹了口气，起床吧，要赶路了，柳永跨上了自己的白马，匆匆离开了客栈。

一路而行便进了山林，一路的小草都枯萎了，就连树木都被严霜给摧毁了，林中的鸟儿被马蹄声给惊醒了。

对了，自己准备去什么地方来着？去……去那里呢？

柳永突然发现自己找不到前进的方向。

不知不觉又走过了几个孤零零的村庄，可是抬头遥望，那遥远的楚地还是雾蒙蒙的一片。

柳永一脸憔悴地骑在马上，任由马儿慢慢地前进，这马儿究竟要把自己带向何处呢？柳永疲惫不堪，摇摇晃晃地要从马

上摔下来，他甚至没有心力去想自己前进的方向。

去娜儿呢？去哪儿呢？还不如回去呢，对的，回到京城里去，至少那里还有人可以说说知心话。在旅店里写下自己的日记后，甚至没有来得及把笔墨放好，柳永就趴在桌子上睡着了，只是那一首《轮台子》凄凉地躺在桌面：

一枕清宵好梦，可惜被、邻鸡唤觉。匆匆策马登途，满目淡烟衰草。前驱风触鸣珂，过霜林、渐觉惊栖鸟。冒征尘远况，自古凄凉长安道。行行又历孤村，楚天阔、望中未晓。

念劳生，惜芳年壮岁，离多欢少。叹断梗难停，暮云渐杳。但黯黯魂消，寸肠凭谁表。恁驱驱、何时是了。又争似、却返瑶京，重买千金笑。

（七）回忆

又是清明时节，阳光明媚，花园的花儿都开了，郊区田野上的小草也都绿了，到处一派生机勃勃的景象。

一对对的帅哥美女，手牵着手，肩并着肩，都到野外也踏青，去游玩，有的在湖面上划船嬉戏，有的在岸边摆开杯盘，有的则是嘻嘻哈哈你追我赶……

柳永看到这番美好的景色，又想起自己在京城的曾经了，自己那时候不也是这样吗？那时候的柳永是怎样的呢，为了买得美人的一笑，为了让大家喝得欢心，不惜千金一掷，要多少钱就给多少钱。

可是现在再也别想了，我柳永和妓女们的那些事儿已经成为了过去，是的，柳永和歌妓们的那些事儿，足足可以写成一本畅销书。现在，再也听不到她们弹奏乐器的声音了，再也看不到她们优美的舞姿了。再也没有了，再也别想了。

想着想着，柳永回头望了望那远在天边的东京，不觉泪水涟涟，打湿了那白色的衣襟。柳永带着一腔悲伤写下了当天的日记，又是一首《笛家弄》：

花发西园，草薰南陌，韶光明媚，乍晴轻暖清明后。水嬉舟动，禊饮筵开，银塘似染，金堤如绣。是处王孙，几多游妓，往往携纤手。遣离人、对佳景，触目伤怀，尽成感旧。

别久。帝城当日，兰堂夜烛，百万呼卢，画阁春风，十千沽酒。未省、宴处能忘管弦，醉里不寻花柳。岂知秦楼，玉箫声断，前事难重偶。空遗恨，望仙乡，一饷消凝，泪沾襟袖。

柳永把日记写完后，自己看了一遍又一遍，不觉又留下了伤感的泪水，泪水融化了那苍劲的钩钩点点。

2. 继续出游——换个新地方

（一）回京

仁宗天圣七年（公元 1029 年）由于旅途的愁苦，还有对故人思念的煎熬，他下定决心回到东京。

虫虫，英英，秀秀……她们都等着你回去。是的，回去找她们，找她们。

柳永不再留恋路上的风光，一路上脚步不停。由马换船，由船换马，拼命地向京城奔去。俨然是杜甫老师那“即从巴峡穿巫峡，便下襄阳向洛阳”的神姿。

快点，快点！

柳永就像从上海至北京的火车里站着的乘客，恨不能立马飞到东京。

再也不伤春，再也不悲秋，只是一个心思幻想着和京城的妹妹们见面后如何倾诉如何缠绵。

终于，柳永在这年的暮春时节回到了京城，柳永仰天大叫，东京，我柳永又回来了。

于是他迫不及待地去寻找自己的那些姐姐妹妹们。

地上的露水才刚刚干，氤氲的气息轻盈升腾，引得黄莺在林苑中欢快地啼叫，鱼儿也在池塘中快活地游来游去，混着花香的微风，吹拂着碧绿的垂柳。

街道依旧是那样的街道，房子依旧是那样的房子，街上行人川流不息，买卖呼声此起彼伏，帅哥美女奔跑大闹……

当柳永看到这一切的时候，才真的感觉自己的确已经回到这个灯红酒绿的的城市。柳永感觉自己从一具干枯的骷髅变成了一个真实的活人，满身的忧愁好像顿时全部蒸发掉了。

虫虫,秀秀,英英,酥娘……你们都在那里,我柳永回来啦!

东京的道路，柳永条条都熟，虽然离开了几年，但还是如同昨天刚刚走过一样。于是，柳永加快了步伐，到老地方找她们去了……

你们想我了吗？分别这么久了，我可是天天都在想你们，做梦都梦到你们。

第一个当然是虫虫。

对，找虫虫。

于是，柳永向平康里奔去。

（二）花谢

虫虫，柳永回来了。

柳永还没有跨进大门就急切地呼叫。

然而，喧闹的歌楼里没有人回答柳永的声音，那声音寂寞

地消散在喧闹的空气中。

虫虫，柳永回来了。

依然没有回答，只见一双双陌生的眼睛都奇怪地望着自己。可是这柳永同志被回京的兴奋冲昏了头脑，没有发现这些奇怪的现象，于是继续高呼。、

虫虫，柳永回来了。

请问你是柳大才子吧。

不是，我找虫虫……哦，对对对，我是柳永，我来找虫虫。

这是虫娘托我转交给你的东西。

柳永打开一看，全是自己当初为她写的词。

这是……这是怎么回事，那虫虫呢？

虫娘她……她去世了。

柳永仿佛被一个万钧惊雷当头劈中，呆呆地一动不动，这个表情是如今的那些影帝影后们难以模仿的。

后面的情形我们就可以想象到了，照例又是什么你胡说你骗我之类的话，但是为了让故事保持完整性，我们还是把后面补充完吧。

果然不出我们所料，柳永表现的一点创意都没有，那些台词我们见得多了，我们还是看看吧。

你胡说，虫虫怎么会去世呢？

虫虫，柳永回来了，快下来！

依然没有人回答她。

对了，她可能今天没有上班，估计呆在家里吧。

于是，柳永转身向虫虫的家奔去。

（三）崔护

终于没有找到虫虫，于是柳永又去找瑶卿，他直接去瑶卿

家里找，没有去歌楼。

可是，当他来到瑶卿家门口的时候，只见颓坏的房门已经残缺不全，墙角都已经长满了绿苔。

他静静地站在情人的门前，一句话也说不出来，一种凄凉的伤痛装满了他整个的怀抱。

人呢？人呢？难道我柳永真的要做崔护不成，柳永不由自主地想起了一首诗：

去年今日此门中，人面桃花相映红；
人面不知何处去，桃花依旧笑春风。

柳永震惊，绝望，无奈……

他拖着沉重的步伐回到了自己的住所，轻轻地写下了一首《满朝欢》：

花隔铜壶，露晞金掌，都门十二清晓。帝里风光烂漫，偏爱春杪。烟轻昼永，引莺啭上林，鱼游灵沼。巷陌乍晴，香尘染惹，垂杨芳草。

因念秦楼彩凤，楚观朝云，往昔曾迷歌笑。别来岁久，偶忆盟重到。人面桃花，未知何处，但掩朱扉悄悄。尽日伫立无言，赢得凄凉怀抱。

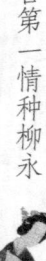

是的，柳永的感情已经并不那么炽热了，他已经学会了让自己的感情冷淡下来，所以他只是用淡淡的笔调写完了自己满腔复杂的情感。

（四）绝望

以前的谢玉英还有虫娘都去世了，就连那十大情人大多数也不知道去向。其实柳永应该清醒的,你自己已经四十多岁了,虽然你有一颗年轻的心，但是毕竟年纪已经到了这个数了。而你的那些情人们难道不应该到了退休的年纪吗？尤其是干歌妓这一行的，退休时间尤其来得早。

这里还有什么意思呢？这里已经彻底彻底的不属于自己了，自己真的成了世界上最孤单的人了，一个朋友都没有了。

虫虫，秀秀，英英，师师，安安，还有心娘，佳娘，酥娘……你们人呢，你们都到哪里去了，说啊！说啊！我回来找你们了，你们人呢？你们人呢？你们人呢？

然而他的声音很快消散在冰冷的空气中,没有一丝的回音。

柳永绝望地哭了。

虫虫的面容浮现到了他的脑海里。

柳永又伤感地哭了。

秀秀的面容又浮现到了眼前。

柳永接着哭。

英英……师师……安安……心娘……佳娘……酥娘……

柳永哭得肝肠寸断，面如寒霜。

这是柳永无论如何也没有想到的一个结果，也是一个我们也没有想到的结果。世界上的一切事情都没有必然性，只有那些大师们的学术理论才有必然性。

没办法，那就只有哭吧！刘老师都说了，男人哭吧哭吧不是罪，尽情地哭吧！

（五）悼亡

谁也不知道她们去世的原因，她们的去世就像一个乞丐会死在垃圾堆一样，并不会让人感到惊诧。

也许，她们当初有柳永作为依靠，也许柳永的出现给了她们错觉，其实世界上就一个柳永，柳永一走。她们的生活将一落千丈，她们的感情依旧得不到回报，她们的人格依旧得不到尊重……她们的生活比之以前的悲惨程度有过之而无不及，她们无法接受也无法忍受，在对社会的绝望和愤恨中离开了人世。

最后，柳永找到了佳娘，佳娘她带柳永来到了姐妹们的坟前，只见芳草萋萋，野花朵朵，多么漂亮的花朵，就像虫虫那娇秀的容颜。

柳永一句话都说不出来，本以为自己是世界上最悲惨的人，没有想还有比自己更悲惨的人。

是的，人以类聚，物以群分，她们跟你一样，否则你们怎么可能走在一起呢，否则她们怎么会那么热烈地迷恋你呢？

突然，柳永就悲叹起来了：留不得……留不得……留不得。他连续悲叹三声之后，接着就是泪如泉涌，一变流泪一边继续哀叹：

留不得。光阴催促，奈芳兰歇，好花谢，惟顷刻。彩云易散琉璃脆，验前事端的。

风月夜，几处前踪旧迹。忍思忆。这回望断，永作终天隔。向仙岛，归冥路，两无消息。

一夜无眠，烛泪流满了一桌。

（六）西游

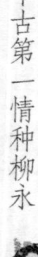

这是一座伤心的城市，它已经不属于柳永了。当一座城市已经不属于他的时候，他也就只有选择离开了。当年的离开只是为了跟赵家父子赌气，可是现在整个京城的确没有任何东西值得自己留恋了。

仁宗天圣八年（公元 1030 年），也就是欧阳修和张先同学考上进士的这一年，柳永同志因为知交零落而无奈地离开了京城，去哪里呢？总不能又去江南吧。

是的，不去江南了，去关中。

去关中就不比江南，那就只能骑马了，于是柳永特意买了一匹白马。

出发！

上次离开京城有一群姐妹和自己依依惜别，还有红颜知己和自己缠缠绵绵，如今只有佳娘一个人来为自己送行了。

的确，柳永也是喜欢佳娘的，柳永尤其喜欢唱歌时的佳娘，可是她无论如何也取代不了虫虫在自己心中的地位。佳娘是只能当作朋友的，对，朋友，真挚的朋友。而虫虫是可以当自己的红颜知己，是可以当自己的妻子的。是可以朝朝暮暮斯守一生的。

柳永仍然在伤痛中没有解脱出来，佳娘为他精心准备的别宴，柳永也没有心情吃，匆匆吃了几口，柳永就要离开，现在在路上，他看到河岸边那带着露水的花朵，看到那堤岸便含烟的杨柳，不知不觉又伤感起来了。

多愁善感，多愁善感，永远是才子的一大标志，想学都学不来的。

佳佳，你不要送了，说着就又流出了伤感的泪水。

佳娘也哭了，她知道自己是没有能力留下柳永的，但是如果可以，佳娘愿意为他付出一切。佳娘多么希望柳永能够留下来，可是……佳娘最终还是放弃了自己的想法。

出发！柳永的内心带着一首《临江仙》走了，他迟早会把它写入日记的：

上国。去客。停飞盖、促离筵。长安古道绵绵。见岸花啼露，对堤柳愁烟。物情人意，向此触目，无处不凄然。

醉拥征骖犹伫立，盈盈泪眼相看。况绣帏人静，更山馆春寒。今宵怎向漏永，顿成两处孤眠。

（七）途中

柳永这个人十分矛盾，他一边要离开自己的情人和朋友，一边又无日无夜地思念她们。

已经离开京城很远了，到哪里了，到长安（今西安）了吧，柳永独自牵着自己的白马，走在长安街上，一切是那么地陌生，仿佛自己来自火星。

于是，他又开始“断魂”了，断魂就如同写词一样都是柳永的特长，柳永的下半辈子都在不断的“断魂”之中，我们且看他这一次是怎么断魂的：

红尘紫陌，斜阳暮草长安道，是离人、断魂处，迢迢匹马西征。新晴。韶光明媚，轻烟淡薄和气暖，望花村、路隐映，摇鞭时过长亭。愁生。伤凤城仙子，别来千里重行行。又记得临歧，泪眼湿、莲脸盈盈。

消凝。花朝月夕，最苦冷落银屏。想媚容、耿耿无眠，屈指已算回程。相萦。空万般思忆，争如归去睹倾城。向绣帏、深处并枕，说如此牵情。（《引驾行》）

他刚刚走出东京就开始思念佳娘，还有那些自己没有找到的情人，他后悔自己怎么没有和佳娘多呆一段时间，后悔自己为什么没有去找那些没有找到的情人，也许她们就在哪个深深的巷子里等着自己呢。

柳永总是这样感情用事，从来都不等到自己的感情冷却下来再做决定，就像在网页的地址栏中输入网址就立刻弹出一个网页，一点缓冲的时间都没有。

虽然他思念并且留恋，但是他的远行的脚步对自己的决定毫不怀疑。

走吧，走吧，柳永一路前行。

（八）旅程

柳永漫游了关中之后，又继续到了渭南，接着又来到了成都，接着是湖南，再接着是湖北，柳永这样一路漫游下来，照例是伤春悲秋，感时伤事。其余就没有什么可圈可点可写可看的事了。

当然，他的特长我们是不能埋没的，词嘛，还是要写上一两首的。这其中最有名的就算《八声甘州》了，一起来看看吧：

对潇潇、暮雨洒江天，一番洗清秋。渐霜风凄惨，关河冷落，残照当楼。是处红衰翠减，苒苒物华休。惟有长江水，无语东流。

不忍登高临远，望故乡渺邈，归思难收。叹年来踪迹，何事苦淹留。想佳人、妆楼颙望，误几回、天际识归舟。争知我、倚阑干处，正恁凝愁。

这首词虽然没有为老柳赚到银子，但是为他赚到了名声。因为即使是那个要和柳永一较高下的苏轼老师，即便在前面批评自己的学生秦观学习他的词的苏轼老师，当他看到这首词的时候，他也不得不说：

人皆言柳耆卿词俗，非也。如《八声甘州》云：霜风凄紧，关河冷落，残照当楼。此语与诗句不减唐人。

想，要是老柳听到阿苏的这句话，他该有多高兴，事实上并不只是如此，在阿苏对老柳给出美好的评价之后，后面很多人都对老柳给出了正面的评价，不过这些评论家没有什么名气，我们就不把名字给列出来了。

不知不觉就度过了好几个春秋。在这一路的旅游过程中，柳永的生活和心情并没有得到什么大的改善，他一直都处在一种抑郁消沉的状态之中，他一路苦旅，一路回忆，一路“断魂”……他已经患了严重的抑郁症。

难道就这样流浪下去吗？没人知道柳永是怎么想的，我也替他感到纳闷，如果他再继续这样流浪下去，他估计会死在旅途之中，甚至可以想象，他估计会死在马背上或是死在旅社里。

难道这一辈子就这样流浪下去吗？你看你柳永现在是个什么鬼样子，每天就知道“断魂”，你除了会“断魂”还能做什么？

我柳永除了会“断魂”还能做什么呢？柳永躺在旅社的床上，望着外面如墨的夜空渐渐沉进了睡梦。

（九）爱国

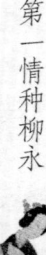

没有想到老柳写了一首《八声甘州》，仿佛被西夏人给听到了似的，到了仁宗明道元年（公元1032年）十二月，西夏兵马就一路赶来把甘州给夺了，而且还继续扩张，又想把西凉府给抢走。

每当国家危难的时候，总能激发老百姓的爱国情怀，柳永本是被大家认作胸无大志的浪荡才子。可是，当他听到这个消息的时候，那隐藏在心底的爱国细胞一个个都被激活得跳起舞来，仿佛听到那些细胞张着嘴都在对自己呼叫：天下兴亡，匹夫有责，天下兴亡，匹夫有责……

其实，柳永打小就胸怀大志发奋苦读，一心修身齐家治国

平天下，只是时运不济命途多舛，导致他的思想几乎被扭曲了。这就像我们很多小伙子一个样，当初一心刻苦学习，要做一个有思想有文化有道德有理想的人，可是上了大学出了社会之后，这些东西完全就被掏空了。

不过还好，柳永的爱国情怀只是被压抑在肚子的最底层，如今被西夏的战争一冲，这爱国情怀又涌上来了。

可你柳永只是一介书生，手无缚鸡之力，你能干什么呢？难道也想抱起一把刀去和那野蛮剽悍的敌人拼杀吗？你行吗？老柳同志。

（十）求索

人在人间走路的时候，要时而停下来思考思考，否则走得太快的话，魂儿都丢了。如今四五十岁的人了，柳永要重新思考自己的人生了。

对，思考，思考。

于是柳永独自登上的高楼，只有在这种偏僻安静的地方，才能定下心来思考。

柳永站在楼上缓缓地回来走动，走了几个来回，终于停了下来，他靠在栏杆上，抬起沉思的脑袋，遥望远处，只有茫茫的一片。

老柳在望什么呢？是在望他的情人还是在望他的前途呢？

当然他是不会望到这些东西的，能够望到的就是茫茫的一片草原，还有那远在天边的残阳。

柳永看不到自己的未来和前途。

他越想越痛苦，越想越忧愁，仿佛眼前那茫茫的一片全部都是忧愁，而且这忧愁还像分子一样能够在空气中扩散，一直绵延到遥远的天际。

他又想起了自己的红粉佳人，想到了曾经的逍遥快活。可是柳永又想到了另外一个人生命题：难道自己甘心混迹歌楼酒肆浑浑噩噩地度过一生。

然而，柳永又难以割舍女性的温情，这种世俗的享乐让他难以放弃。

愁啊愁！

柳永再次抬起头来，遥望远天，顿感宇宙之浩瀚，人生之渺小，他为怀才不遇而感到幽愤，为知音不遇而感到悲哀。

人生如此短暂，怎能虚度光阴，柳永的想法跟多少年后苏联的奥斯特洛夫斯基一样，都认为人生应该这样度过：当他回首往事的时候，不因虚度年华而悔恨，不因碌碌无为而羞耻。

伫倚危楼风细细。望极春愁，黯黯生天际。草色烟光残照里。无言谁会凭阑意。

拟把疏狂图一醉。对酒当歌，强乐还无味。衣带渐宽终不悔。为伊消得人憔悴。

柳永写下了《凤栖梧》，为自己的人生重新确立了目标，他要把人生的事业当做情人一样来追求，即使是日日消瘦也万死不辞。

当好几百年后王国维同学读到这首词的时候，也心有同感，并且说老柳这首词是那些想干大事的牛人们必须经历的人生第二个境界。

而第三个境界据说是辛弃疾老师的那句：众里寻他千百度，蓦然回首，那人却在灯火阑珊处。

拭目以待吧！

3. 51岁的高考生——中了中了

（一）亲政

仁宗明道二年（公元1033年），赵祯的妈妈刘太后驾崩了，这个身前掌握着政府大权的老妈子居然死后还要发一道命令，她又给赵祯找了个继母杨太妃，让继母跟赵祯一齐处理政府里面的军国大事。

可是这道命令很不得人心，遭到了政治局里面头头的反对，他们说皇帝已经不是三岁小孩了，已经懂事了，什么是真，什么是假，什么是对，什么是错，他已经分得清楚了，不劳您杨太妃老人家费心了。

赵祯从小到大一直都被妈妈管着，早就感到不爽了，听了大家对遗诏的反对，表面上批评大家不尊重妈妈的话，但是内心里却偷着乐。

于是，赵祯同学就这样取得了朝中大权，开始了亲政。

代理总裁已经走了，现在该轮到我赵祯来说话了。

他知道权力这种事情是不好玩的东西，为了巩固自己的地位，在朝廷稳定下来之后，于景佑元年（公元1034年），他立即给政府进行了大换血，他把老妈的那些亲信旧臣们一个一个慢慢地给炒鱿鱼了，他想起用一批新人来自己的新政府工作。

这时候，他想起了几个自己十分信任的人，这其中有一个曾经冒天下之大不韪，很傻很天真地要求刘太后把实权交出来给赵祯同学，可是你一个普通的大臣算个鸟，于是自然而然地被排斥出去了。

这个人叫范仲淹，说来也是咱们的老朋友，最初好像也是在初中语文课本里认识的，只记得他那时候说了几句很牛的话，

还记得不？其中最牛的一句话就是：先天下之忧而忧，后天下之乐而乐。

于是，赵祯把头一拍，对了，就找那几个哥们。于是，赵祯把范仲淹和宋绶等同学给渐渐招聘进了政府。

据说，当时“中外大悦”，当然，这不是说除了中国人民感到高外之外，外国人也感到高兴，而是说政府里面的人高兴，外面的老百姓也高兴。

就像我们现在期盼新的国家领导人来改善我们的生活一样，他们也认为新组建的政府会采取一些新的惠民政策，一定会有更好的政局气象。

（二）恩科

前面我们已经说过，小赵是个除了会做皇帝什么都不会的人，这不是说着玩的，而是有着确凿证据的。赵祯同学虽然干事情没用，但是还不至于脑残，为了巩固自己的地位，在景佑元年（公元 1034 年）正月，他出台了一项收买人心的政策：

> 乡学之士益蕃，而取人路狭，使孤寒栖迟，或老而不得进，朕甚悯之。其令南省就试进士、诸科，十取其二。凡年五十，进士五举、诸科六举；尝经殿试，进士三举、诸科五举；及尝预先朝御试，虽试文不合格，毋辄黜，皆以名闻。

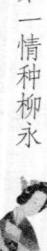

这项政策的颁布，扩大了科举考试的录取名额，放宽了录取权限。顿时，天下的学子听到这个扩招的好消息之后，一个个奔走相告。

机会来了，机会来了！

本来早就放弃了考试念头的柳永听到了这个好消息后，顿时受到了极大的鼓舞，他觉得这正是理想对自己的召唤，于是他又萌发了参加考试的念头。

让柳永感到更为高兴的是，他在政策的内容里面看到几句做梦都没有想到的话：凡年五十，进士五举……虽试文不合格，毋辄黜，皆以名闻。

凡年五十，进士五举。哈哈，天上居然掉起馅饼来了，这不是为我老柳特意出台的政策吗？

柳永在前面已经参加了四次考试，如果参加这次科举考试的话，那么刚好就是“五举”了，而且自己的年纪也超过五十。

这是千载难逢的机会，柳永仿佛看到了自己高居榜首的大名，于是柳永再也安定不下来了，这年初春，他就独自从鄂州启程，千里迢迢向东京开始进发了。

他马不停蹄，追星赶月，只恨不能一脚踏进考场里面。

（三）姓名

请原谅我现在才能说柳永的姓名，因为一般在介绍一个人的时候，都是“李白字太白号青莲居士”的格式，而且一定放在第一章的第一段的第一行。但是我为了把姓名的介绍恰到好处地叙述出来。所以一直放到了这里。

在引言里面我已经简单地对柳永的名字进行了一个介绍，如果你记性还好的话，应该记得我在第一章里也对柳永的名字有过解释。现在我们全面系统详细精到地进行了解。

柳永的姓名本来叫柳三变，就是说他一出生的时候，取的名字就叫柳三变，户口本上的名字和家谱里登记的也是这个名字，柳三变是法定名字也是日常使用名字，日常里人们说话也是这样叫：喂，柳三变，吃饭了吗？在这一节之前，我们都应该管他叫柳三变，但是为了让名字统一下来，所以就提前把柳永的名字给用了。

而且，我们在前面已经说过，他有两个哥哥，一个叫柳三复，一个叫柳三接。所以他们三兄弟的取名是按照一个规律取下来的。当然，柳永的爷爷和爸爸都是知识分子，取个名字当然要有点含金量了，而不能像刘邦的老爸给他取名一样，就按照兄弟排行叫就叫刘季。所以，柳永出生的时候，柳宜就翻字典，找典籍。终于在论语里面找到了一句话：

子夏曰："君子有三变：望之俨然，即之也温，听其言也厉。"

柳宜希望自己的儿子能做个修身齐家治国平天下的正人君子，所以把脑袋一拍，就叫柳三变！

但是，古人取名字不是那么简单的事，小的时候可以比较随便地取个名字给人叫叫。但是他还要有一个"字"，这个字是在人成年之后取的，到了20岁的时候，柳永也有了自己的字：景庄。取字之后就表示自己是大人了。

你们那些小屁孩再也不能随便叫我柳三变了，要叫柳景庄，知道吗？

又因为古代没有计划生育的基本国策，所以一家的孩子非常多，柳永的亲兄弟就有三个，还有很多堂兄弟，而柳永在这些堂兄弟中排行第七，家里的人就叫他老七，外人有时候就叫他柳七。

尤其是中国文人，书呆子气十足，往往有了名有了字还嫌不够，还要给自己取个号，以显示自己的儒雅，害得今天的中学生死背活背都记不住。不过有号的人的确都是一些牛人，不得不佩服，什么靖节先生，青莲居士，东坡居士，易安居士……

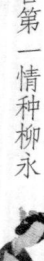

而有的更加疯狂了，除了上面的一些东东之外，还有“又字”“别号”“谥号”没完没了，那些久受折磨的学生真是恨不得吃了它。

柳永好，干干净净，一名一字，没有这些破玩意！但这也就是过去。

（四）改名

可是现在，自己的名字已经被人家给列入黑名单了，这就像高考作弊被查处的学生被禁止参加考试一样，如果不改一个名字的话，恐怕永无出头之日了。

赵祯那小子只要看到我的名字，绝对不会放过我的。

当然，柳永在对人生进行一次又一次的思考之后，也开始慢慢地反省自己，慢慢开始对自己青年时期的生活进行反省，感觉自己太过放任自己了，自己想开始重新做人了。

同时，柳永由于生活没有规律，现在有了一把年纪，而且长年累月在外面漂泊，他感觉自己的身体越来越虚弱，疾病的威胁越来越大。

改个名字吧！

改个名字是件简单的事情吗？不简单，我参考高考的时候，为了纠正自己的名字，除了要用钱之外，为了改一个名字还跑了不知道多少政府机关部门，而柳永改名字可不是因为这么一点小问题烦恼。

他烦恼什么呢？

我改名字就意味着自己向赵祯投降了，就意味着自己在人生战斗中的失败并且是自己心服口服地承认失败。

可是，不改名，自己少年时代安邦定国之志如何实现？

还有自己一直都没有回去老家看一下，妈妈生了自己养了自己，难道自己就真的忍心让他们伤心一生。难道自己真的要一辈子做个不肖子孙？

唉，不知道妈妈是否还活着。

柳永哭了，泪流满面。哭得很伤心，很伤心。

不过，柳永最大的心愿是自己能够活得长寿一点，因为近来的疾病让他对人生进行了很多的思考，自己要努力活得长一些，为老百姓做一些有意义的事情。

他擦干眼泪，把名字给改了，把名“三变”改成了“永”，把字“景庄”改成了“柳永”。其中“永”是永年的意思，而“耆”是耆老的意思，均指长寿。

死了，以前的那个柳永已经死了！ 但愿他改名之后能够顺利通过考试吧！

（五）考试

没有想到一眨眼就是51岁的人了，这些年，在外面流浪奔波，柳永明白了一个道理：理想很丰满，现实很骨感。

是的，最初的他以为自己可以挽救全世界，最后却发现全世界都挽救不了他。

只有自己挽救自己了。

什么个性，什么面子，什么地位，什么架子，什么名气……这些东西根本就没有市场。只有金钱才是最现实的，只有官位才是最可靠的。

是的，我改变不了世界，但是我可以改变自己。

于是，柳永放弃了自己的誓言，因为他懂得了誓言也是没有市场的。时隔十年后又一次参考了这次科举考试。

他迈着稳重的步子踏进了考场，望着那些朝气蓬勃的青年学子，柳永感到自己已经out了，他突然感觉自己的确已经被

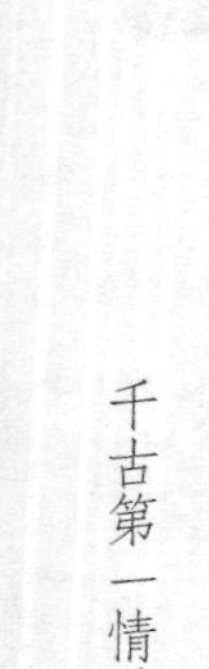

时代所淘汰了。

柳永在这次考试中，把自己对人生的思考，对生命的感悟，对国家的思考……包括一切的精到的见解全部融进卷子去了。

写完答卷，柳永又迈着稳重的步伐离开了考场。

无论中还是不中，这将是我柳永最后一次参考高考了，我绝对不会像千年之后的60岁老人一样跑去参加高考。

是的，这是他最后一次考试。

（六）登第

这次，赵祯同学再不让柳永同学考上，就太不厚道了。当然，赵祯也希望和柳永和好，否则又惹得柳永那家伙乱讲话可就不好了。

柳永我们和好，好吗？你不要再乱讲话，给我留点面子好不？我毕竟是国家主席，你内心可以不尊重我，可以看不起我。但是在公众场合或是在表面上，请你装出一副尊重我的样子好吗？我们和好！你也不小了。

中了，中了！柳永流下了欣慰的泪水，泪水从他那布满皱纹的脸上流了下来，脸上露出了微笑。

考了二十多年了，整整二十多年了，终于中了。让科举去死吧！拥抱吧，狂欢吧！

虽然这次没有经过认真复习备考，但是由于降低了试题难度，也降低了录取分数线，柳永的确是中了，而且他的二哥柳三接也在这次考上了。

柳永的科第名次是第三甲，他所得到的就是“进士及第”后面“进士出身”还要后面的“同进士出身”这个身份，虽然距离自己当年那“定然高中魁甲”的目标有些遥远，但是管他呢，反正是中了！

三十老明经，五十少进士。柳永想到这一句话的时候，略微显得有些得意，对，我还年轻，我还不老，肚子里头那颗苍老的心顿时焕然一新。

柳永仿佛回到了自己的青年岁月，他和哥哥还有其他哥们像一个小孩似的到街上去跑去飞去了，他们在京城的大街上策马奔驰，扬起了阵阵红尘，难得又和那些“狎子”们一起到酒楼去腐败了一次。

柳永一晚上高兴得睡不着觉，便写下了一首纪念登第的词《柳初新》：

东郊向晓星杓亚。报帝里、春来也。柳抬烟眼，花匀露脸，渐觇绿娇红姹。妆点层台芳榭。运神功、丹青无价。

别有尧阶试罢。新郎君、成行如画。杏园风细，桃花浪暖，竞喜羽迁鳞化。遍九陌、相将游冶。骤香尘、宝鞍骄马。

此时已经是仁宗景佑元年（公元1034年），柳永已经51岁了。

你还年轻？你忘记了现在是什么时代了吗？你认为现在还是那古老的唐朝吗？都11世纪20年代了，还年轻。你不知道那王禹偁同学，范仲淹同学，欧阳修同学，还有苏轼同学，苏辙同学……都是在二十多岁就考上大学了，尤其是那晏殊同学，还有那杨亿同学14岁就被特招了！

这次总共录取了多少人你知道吗？这次总共录取了1640人，你知道吗？就像21世纪的中国中学生考大学一样，考个进士已经不是什么稀奇的事了，值得你那么高兴吗？

4. 新官上任——好好干吧

（一）推官

要知道他们为什么要疯狂地参加国家的统一考试吗？为什么要千军万马挤独木桥呢？因为他们考上了就是国家干部，考上了一切都有了，名誉，地位，薪水，车子，房子，票子……什么都有了。

柳永的进士等级是第三甲，按照人事部门的规定，只能授予初等幕职官。虽然年纪比较大了，但是毕竟没有政府工作经验，所以当然还得从基层干起，现在大学生考公务员不都是从基层干起吗？

于是他被任命为浙江睦州（今建德县）的“团练使推官”，这是一个负责睦州府军训和防御的辅佐官。

就像现在的大学生求职的心态一样，管他七品绿豆官还是九品芝麻官呢，反正有份工作就行，何况还在政府里面工作呢！

出发，上任去！

赴任途中，经过桐江（是钱塘江自建德县梅城至桐庐的一段）的柳永，被眼前“天山共色，水皆缥碧”的秀丽景色给陶醉了，于是挥笔写下了一首《满江红》：

暮雨初收，长川静，征帆夜落。临岛屿，蓼烟疏淡，苇风萧索。几许渔人飞短艇，尽载灯火归村落。遣行客，当此念回程，伤漂泊。

桐江好，烟漠漠。波似染，山如削，绕严凌滩畔，鹭飞鱼跃。宦游区区成底事，平生况有云泉约。归去来，一曲仲宣吟，从军乐。

柳永独自欣赏着着风光绮丽的桐江山水，但在内心深处却进行进退两难的思想斗争。

唉，京城那闲云野鹤，逍遥自在的生活今后是再也别想了，要开始上班工作了，要为理想奋斗了，再也见不到那么多美丽多情的美女了，听歌观舞的生活是再也别想了。

柳永的上任不但没有小轿车来接，而且没有飞机没有汽车可乘，顶多就是骑骑马坐坐船，而且还有不少的路段需要自己徒步走，可是，柳永同志五十有余已经没有徒步旅行的兴致了，不比初中语文课本里面的 Jim、Hanmei 和 Lilei 他们动不动就 Let′ s go to hiking。

辛苦，真是辛苦，这么远的路，居然没有车。如果没有车而让我到新疆去当自治区主席，我也不会去。

一大把年纪了，为了什么，当官真的那么重要吗？劳碌奔波，艰难跋涉，值吗？

可是，自己从小就那么奋发读书，又到底为了什么呢？不就是为了谋得一官半职吗？

还有多远才达到啊？睦州在哪儿呢？

突然，柳永的脑袋闪过一丝回乡的念头，回去算了吧！不要这个“劳什子”了。

回去吗？

不能回去，好不容易才谋得一官半职，哪能就这么轻易放弃呢？

对，要努力工作，好好表现。要让大家见识到我的才华和能力，要天下的老百姓知道我柳永不是向那些“披服儒雅行若狗彘”的人说的那样。

你们不要看到“归去来”这句话就曲解我柳永的意思。是的，我还不老！我要努力干出一番事业！

（二）偶像

柳永在二月经过苏州的时候，突然想起了一个人，这个人一直都是自己的偶像，对的，就是苏州知州范仲淹老师。

于是，柳永同学特意到苏州府去拜见了偶像范仲淹老师，柳永也算去得及时，因为范仲淹现在正在准备辞职，马上就要回到赵祯同学的身边工作了。

请问范仲淹知州在吗？

请问你是……你找他有事吗？

我是柳永，我就想见范知州一面。

你就是那个填词的柳永吗？

正是在下，请问能通报一下吗？

人家范知州一心忧国忧民，哪有闲功夫见你。

……

范老师你好，我叫柳永，你一直都是我的偶像，我一直都很崇拜你和尊敬你，我只想见你一面。

范仲淹下班的时候，柳永迎了上去。

哦，柳永，你很有才华，我老范早就听闻你的大名了，请到我家里喝杯茶好吗，让在下也请教请教写作技巧？

不愧是大家风范，如此地谦和，看来自己真的没有看走眼。

哦，范老师我就不打扰你了，我只是有一首词想送给你，请你接受。

范知州接过纸张一看，只见是一首《瑞鹧鸪》：

吴会风流。人烟好，高下水际山头。瑶台绛阙，依约蓬丘。万井千闾富庶，雄压十三州。触处青蛾画舸，红粉朱楼。

方面委元侯。致讼简时丰，继日欢游。襦温裤暖，已扇民讴。旦暮锋车命驾，重整济川舟。当恁时，沙堤路稳，归去难留。

范老师虽然不是那种喜欢听奉承话的人，但是人总是喜欢被人夸的，于是脸上露出一丝淡淡的笑意，当然这笑意也并不表示自己被夸的满足，而是对柳永这一举动的综合反映。

好，这礼物我收下了。

当然范老师也不是糊涂人，于是在临别的时候又补充了一句。

有机会的话，我不会忘记你的。

（三）上班

这睦州推官算是柳永真正意义上的第一份工作，因为古人从来就不认为文学创作是一份正当的职业，而且古人能够以文学创作来养活自己的人不多，柳永此前的文学创作算是一个例外。

柳永的职务是睦州团练使推官，那么柳永干的到底是份什么工作呢？柳永担任的团练推官是负责睦州府军训和防御的辅佐官，也就是说柳永充当的是一个副手或者助理，而他这个工作是与军事活动有关的，他相当于是一个副政委或者副指导员。

睦州的领导听说中央把柳永任命到这儿来工作，大家都想看看这个传说中的风流才子到底是尊什么人物，私底下，大家自然是少不了对柳永进行一番盘点……什么跟皇帝抬杠啊，跟歌妓打成一团啊，跟老爸翻脸啊，狂妄自大啊，桀骜不驯啊……

柳永一大早就起床了，他兴奋地跑到单位上去上班，一反往年那伤春悲秋的的颓废状态，柳永变得干劲十足，好像浑身有使不完的力气。

作为一个副手，柳永前前后后忙得不亦乐乎，一则上级对柳永的名字早有耳闻，二则见柳永做事情这么卖力，大家对柳永的印象都很不错。

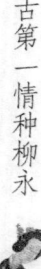

柳永慷慨大方而且任劳任怨，时间一天天地过去，同事和领导都对柳永越来越了解，原来真的不像人们所说的那样，柳永的确是个优秀的人，于是他们对柳永那浪荡子弟的印象被彻底推翻了，一直沉入到大海的深渊。

（四）转迁

柳永上岗后，勤于职守，办事干练，得到了上级和同事的一致肯定，而且得到相关领导的高度评价。不但如此，他的词为最广大的老百姓所称道，所以他得到了“干部和人民”的一致拥护，而不是像当今的某些干部一样得到人民的拥护就受到干部的排斥或是得到干部的赏识就遭到人民的谩骂。

此时的睦州老大是知州大人吕蔚，这种人是地球上的优良的濒危物种，他为人正派，胸怀宽广，并且能赏识人才。

通过和柳永的交往，吕蔚逐渐读懂了柳永这个人，这是个怀抱利器遭至嫉妒的人才，因为遭受太多的打击才不以放荡不羁的方式进行反抗。他为这个才华横溢的才子感到深深的痛惜和不公。

于是在柳永到睦州上任才一个多月的时间，吕蔚就迫不及待地与监司联名向朝廷推荐。

小赵收到推荐信的时候感到有些郁闷，前番有入内都知史等人推荐柳永这小子，现在又有知州来推荐他，而且这个知州的来头还不小，小赵清楚吕蔚的老爸就是自己爷爷的宰相吕端，于是他就在那里纠结：到底咋办呢？

于是小赵找到了时任侍御史郭劝。

小郭，前番有人推荐那个什么柳永入朝做官，我没有同意，现在又有个知州大人写信推荐，而且这个知州大人是睦州知州吕蔚，这人很有点名堂，他老爸也是我爷爷的宰相。你的

意见怎么样啊？

“三变释褐未久，善状安在？蔚私三变，不可从。”

意思是说，柳永才上任不到三天功夫，又没有做出什么事情，就想升官，门都没有，肯定是柳永那家伙给吕蔚送礼行贿了。

呜呼！看来柳永的敌人还真的不少。

小赵听了郭劝的话，脑袋忽然开朗。

就是嘛，你说柳永也真是太牛了，新官上任三把火，他的三把火还没有烧给人看呢，就急着要升迁，他想一步登天啊。让他中了个进士还不知道满足。这种人，哼！于是作了如下的批复：未有成考，不得改迁！

是啊，你有才华就了不起吗？你没有工作经历，又没有工作经验，再说提拔也要经过一定的考核，并且还要有一定的政绩作为支撑。

为了这件事，小赵为了表示不是针对柳永一个人，他特意颁发了一则通告：丁巳，诏幕职、州县官初任未成考者，毋得奏举（宋史原话）。

当然，这则通告没有点名是针对柳永同志的“推荐门”事件而发出的，

不过《续资治通鉴长编》嫌《宋史》说得不够清楚，还特意进行了一番解释：

> 丁巳，诏幕职、州县官初任未成考者，毋得奏举。先是，侍御史知杂事郭劝言，睦州团练推官柳三变释褐到官才逾月，未有善状，而知州吕蔚遽荐之，盖私之也。故降是诏。

好好工作吧，老小伙子，别想一步登天！

（五）疑问

范老师干什么去了呢？为什么没有帮柳永同志美言几句呢？不是说不会忘记我柳永的吗？难道我给你写的词就这样白白送了？

范老师自己都顾不了自己呢！

人说吃一堑长一智，可是这范仲淹同学就是开不了窍，刚刚跑回中央工作不多时，又很傻很天真地犯了若干年前类似的错误，这个错误里面涉及到了赵祯的老婆郭皇后。

我一开始就说过古人喜欢早婚早育，这郭氏被立为皇后的时候才 13 岁，由于这小姑娘年幼无知，不知道宫廷的险恶，她仗着刘太后给自己撑腰，居然严密监视赵祯老兄的行踪，使他不得亲近其他宫女妃嫔。

赵祯同学心中十分愤怒，但又不敢说，等到刘太后驾崩之后，他便不再理会郭皇后了。

她这样一位少妇深居皇宫，你赵祯不理她，其他人更不敢理她，她怎么受得了这样的寂寞？

当时，在后宫之中，宫人尚氏、杨氏长得貌美可人，深得小赵宠爱。于是郭同学多次跑到尚氏和杨氏的住处，对她们破口大骂。

有一天，小赵临幸尚氏，尚氏向小赵诉说郭皇后的不是，恰逢郭皇后赶来，二人争执起来。郭皇后不胜愤怒，举手扇向尚氏，小赵见状，急忙上前救尚氏。

郭皇后收势不住，刚好打在小赵的颈部。

老子小赵可是一国之君啊，你知道天子之尊是啥意思吗？你丫居然敢这样对俺。

于是小赵顿时就发飙了，信不信老子废了你？

宰相吕夷简与郭皇后有过节，听说郭皇后误伤了小赵，于是让谏官范讽乘机进言："后立已有九年，尚无子，义当废。"吕夷简则在一旁随声附和。

小赵其实早就想废掉小郭姑娘了，听到吕夷简等人顶自己，于是增添了不少的信心。

但是废皇后并不件简单的事情，并不像现在情人分手活是夫妇离婚这么随便，废得不好的话还可能把自己的总裁位置给搭上。所以赵祯同学犹豫不决。

时任右司谏的范仲淹同学就做了件傻事，他总是很天真地认为自己是为国家着想，是为大局着想。

他对赵祯说："皇后不可废，宜早息此议，不可使之传于外也。"

快点把这个消息给封锁，不要再提这事儿了。

可是，你范同学不知道我赵祯有多痛苦，要不，你来试试？站着说话不腰疼。

过了一段时间，宋仁宗在吕夷简的游说之下，定下了废后决心。吕夷简为了达到废掉郭皇后的目的，竟然下令台谏部门不能接受谏官的奏疏。

明道二年（1033 年），宋仁宗颁下了诏书说："皇后以无子愿入道观，特封其为净妃、玉京冲妙仙师，赐名清悟，别居长宁宫以养。"

意思是说，皇后自己因为没有为我老赵生儿子自愿去道观修行，是她自愿去的，是她自己请求去的，不是我要她去的。

中国历朝历代的帝王说过很多无耻的话，做过很多无耻的事，他们都是这么处理的，这是他们的一套公式。只要高兴，他们随时都可以拿来灵活应用，就像学生拿万能公式来解方程一样。

可是，范仲淹同学还不识相，和一帮以纯洁和忠心自我标榜的大臣们跑去做了一件傻事。他们对赵祯同学大声呼喊："后无过，不可废。"

啥意思啊？我又没有说她有过错，我又没有要废她，她自己内疚，她自己要去的。

你们不是在怀疑我说的话吗？老子可是一国之君，你们的工资都是我发的，居然敢跟我顶着干。

于是，范仲淹老师由苏州被调回回到中央，打了个滚，又被贬黜出去了，而被贬的地方刚好就是柳永同学的睦州。

你柳永的事情，请原谅我老范，我实在帮不了你的忙，我自己都保不了自己，你老柳在郁闷的时候，我老范还在旅途中纠结呢。

（六）绝缘

范仲淹老师被贬黜东京之后，上头的命令三天两次地改，今天这里，明天那里，他就一直被调来调去，当他来到来到睦州的时候，柳永已经离开此地了，但是由于诗词的媒介，最后把他们联系到了一起，这也算是他们最后的缘分。

他来到睦州，经过严陵祠的时候，一路旅途劳顿，本是疲惫不堪，突然听到里面传出又唱又叫的声音，不禁感到好奇，于是跑过去看了看。

原来是地方在举行一年一度的祭祀活动，大伙儿正在迎接地神，大家唱啊叫呀闹成一团，也不知道大家到底在唱什么，就像我们听到和尚念经一样。

但是，最后范老师发现主祭的主持人唱了起来，她口齿清晰，字正腔圆，唱着下面的句子：

桐江好，烟漠漠，波似染，山如削。绕严陵滩畔，鹭飞鱼跃……

这写得相当不多嘛，这是谁写的？

这是柳永大才子写的，我们每年祭祠都要唱这首曲子。

那他还在睦州吗？

刚刚调走了，这是一位好官啊，为老百姓做了很多好事，也是全睦州最有才华的官，可惜没有能在这里长呆下去。但是据说上级也没有给他提高职称，只是调动了一下。

范老师也就“哦”了一声，很失落地望了望遥远的天边，不知道是对柳永的同情，还是对自己的内疚。

当大家得知他就是新来的知州大人后，又见他这么亲和，于是大家一致要求请求他也要写一首词。

范仲淹老师其实也偶尔写写词，懂得那么一点音律，但是并不太精通。当然老百姓既然开口了，如果不写的话又有失自己的风范，于是抱歉地说：“不好意思，我不懂音乐，填不了词，我就写四句诗吧：

汉包六和网英豪，一个冥洪惜羽毛。
世祖功臣三十六，云台争似钓台高？

也许，范老师自我感觉自己的词没有柳永同学写得好吧，所以不便写出来和他形成对比，而写一首诗，似乎就不具有对比性，就像电压和电流不能形成比较一样。

要是我，我也不会比的，那岂不是拿鸡蛋跟石头碰，要知道柳永可是北宋写词第一人。

5. 以民为本——当官就得为老百姓着想

（一）余杭

仁宗景祐四年（公元 1037 年），也就是苏轼同学出生的这一年，柳永已经在浙江睦州老老实实并且踏踏实实地干了三年，于是由睦州推官调任为杭州的余杭县令。

来到了余杭县，柳永给自己定了一个目标，在睦州自己干了三年才调动了一次，现在来到了余杭，一定要在三年之内让上级调动一次。

柳永崇信老子那无为而治的思想，不像其他的干部那样动不动就开个群众会议，动不动就来个临时会议，柳永很少开会，即使是上级要求下面对某件事情进行开会讨论，柳永也让他们把自己的意见写好交给自己就行了。

上级要求老百姓交税交款，柳永也不像其他干部那样一接到通知，就立马派小弟去催，他接到通知就带着通知，独自去老百姓家里串门，寒暄这寒暄那，然后不留痕迹地道：唉，这上头又来找咱的麻烦了，看看吧，这是给我老柳的通知。

老百姓当然不是傻瓜，于是争先恐后地宽慰他们的县太爷，这个没事，我们会尽快完成任务的。

于是，这位县太爷就面带微笑地回家睡觉去了，而自己的工作任务总是能够提前完成，比那些猴急猛催的父母官们的效率要高得多。

他忙的时候去老百姓家里串门，闲的时候也去老百姓家串门，当然也少不了吃吃农家饭，不过这是正宗的农家饭——白米加青菜，而不是如今的干部到百姓家吃的农家饭——好酒加好肉。

柳永同志早就懂得了做官应该以民为本，他倒不是去大力倡导，而是踏踏实实地去落实。这不，老百姓想不爱他都不行，所以三年之后，当他离开的时候，就有一句话来评价他：抚民清净，安于无事，百姓爱之。

（二）风雅

他每天按部就班，兢兢业业地工作，当然才子的风雅还是没有退化掉的，只不过不再到处寻找美女歌妓了，因为这样做的话有失自己的身份，而且会带来不好的风气。所以即使内心想，但是还得克制克制。

平日工作之余，柳永就写写文章，比如赋啦，诗啦，散文啦，议论文啦……他都会写一些，而且有的写完之后，他还拿出来和大家“奇文共欣赏”。

有一天，柳永同志突发奇想，他要在县衙不远处的小溪南岸建一座楼，老大开口，小弟们也就一致举手赞同。在这年的秋天，在乡亲们的一致帮助下，这座楼建成了。柳永带领大家在这而举行落成仪式。

老大是有名的才子，今天这日子，怎么也得给大家露一手吧。

柳永不是那种性格内向的人，而是外向得不能再外的人，其实大伙儿不开口，自己也要主动开口的。

好的，今天老柳心情高兴，难得和大家欢聚一起，我老柳遵命就是了，只是写的不好还请大家多多包涵。

老大就不要谦虚了吧，还多多包涵呢，我们学习都来不及。

于是柳永在此写了一首咏菊的《受恩深》：

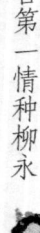

雅致装庭宇。黄花开淡泞。细香明艳尽天与。助秀色堪餐，

向晓自有真珠露。刚被金钱妒。拟买断秋天，容易独步。

粉蝶无情蜂已去。要上金尊，惟有诗人曾许。待宴赏重阳，恁时尽把芳心吐。陶令轻回顾。免憔悴东篱，冷烟寒雨。

写完之后，柳永给大家一句一句地念，当然念完之后还少不得跟大家稍微解释解释。

那些小弟们除了喝彩叫好还能做什么，于是叫好，于是欢呼，于是尖叫……

从此以后，每逢闲暇，柳永同志就带领自己的同事和朋友到这里来谈天论地，吟诗填词。当然，有时候豪气一发，也少不了跟大家讲讲自己的风流韵事，赢得大家一阵接着一阵的掌声。

中国的老百姓都很厚道，他们从来都不指望政府和官员能够为他们办点正事办点好事，他们只是希望你不要去惹他麻烦就已经心满意足。可是现在能够做到这点的人都成了濒危物种，而柳永不但不骚扰百姓而且还与民同乐，所以柳永理所当然地被百姓所热爱。

好官，好官！

柳永同志最后还还被列入了《嘉庆余杭县志》的“名宦”，余杭县有过多少县长，柳永同志居然就获得了这样的荣誉称号，而且还是被官方承认的称号，不简单！

（三）定海

一个小小的普通盐场，大概谁也不会记住它的名称，就像一个普通的农民没有人去关注一样。但是，这个盐场因为曾被柳永监管过，所以成了历史上的一个特例。这就像那个滕子京一样，虽然在历史上没有什么地位，但是由于被范仲淹老师写进了《岳阳楼记》所以也就被大家记住了。

是的，晓峰盐场，你是特例。仁宗宝元二年(公元 1039 年)，56 岁的柳永被从余杭调任到了定海（在浙江），担任了定海晓峰盐监。

当第一次来到煮盐的现场时，柳永被自己所看到的给彻底震惊了，这里，柳永看到了盐是到底是怎么获得的：潮水退去后的海滩上，一片片的盐花在盛夏午后日光晒照下白得耀眼，把这些带白花的海泥刮下来，用海水把泥上的盐花融解过滤成卤，再把卤水放到巨镬里煮到水干，直至剩白白的一层盐为止。

而这里工作的农民工呢，他们打着赤膊，光着脚丫，顶着炎炎烈日，踩在冒着暑气的海滩上，在熊熊柴火的陪伴下，来去奔忙，汗流不止。就连“锄禾日当午，汗滴禾下土”的农民伯伯看了都能获得心理安慰。

这是人吗？这简直是奴隶，奴隶也不是这样干活的，柳永震惊了，彻底震惊了，以前一直都为自己的不幸感到痛苦，而此刻，柳永发现自己那点不幸根本就不算什么。

天气这么热，大家休息休息再工作吧。

然而，农民工们仿佛没有听到一样，因为没有一位盐监对他们说过这样的话，而且他们从来都没有敢这么想，他们只要没有领导来催逼他们或是克扣他们的工资就谢天谢地了。

天气这么热，这样拼命地工作会中暑的，大家停下来休息休息吧。

这些农民工就像柳永最初所遇到的那些歌妓们一样，对眼前的这个人充满了无限的怀疑和惊异。

这怎么可能？开玩笑吧。

（四）同情

在晓峰盐场东12里，就是县政府，柳永平时就在这里办公，办公之余就去盐场溜达溜达，视察一下那里的工作情况，他是深入基层调查的模范官员，通过对基层劳动人民的深入了解，他真切地看到了老百姓生活的艰苦，也看到了百姓被剥削的惨状。

每当柳永去观察的时候，他总是让农民工们停下来休息十来分针或是半个小时。

但是，柳永同志的这个做法很快让上级部门给知道了，于是马上收到了领导的批评。

你这是怠工，上面派下来的人物完不成，你柳永一身老骨头值几个钱，你竟然擅自让他们停下手中的工作。

柳永没有想到自己作为一个盐监，就连这点权利都没有。

你的职责就是监督他们努力工作，如期完成上面定下的任务，不能让他们偷懒，你倒好，居然还统一给他们放假。

想我从小立志修身齐家治国平天下，可是如今自己眼睁睁地看着这大宋的百姓受尽贫苦，自己却不能给予他们丝毫的帮助，才子啊才子，才子有什么用，才子帮不了老百姓脱离苦海，帮不了，帮不了……

于是，一滴清泪滚落下来，打湿了他那白色的衣衫。他以严肃的态度，批判的思维，深沉的感情，写下了反映盐民贫苦生活的诗歌《煮海歌》：

煮海之民何所营，妇无蚕织夫无耕，
衣食之源太寥落，牢盆煮就汝输征。
年年春夏潮盈浦，潮退刮泥成岛屿，
风干日曝咸味加，始灌潮坡嫡成卤。

卤浓盐淡未得闲，采樵深入无穷山；
豹踪虎迹不敢避，朝阳出去夕阳还。
船载肩擎未遑歇，投入巨灶炎炎热；
晨烧暮烁堆积高，才得波涛变为雪。
自从潴卤至飞霜。无非假贷充惟粮；
秤入官中得微值，一缗往往千缗偿。
周而复始无休息，官租来了私租逼：
驱妻逐子课工程，虽作人形俱菜色。
煮海之民何苦辛，安得母富于不贫：
本朝一物不失所，愿广皇仁到海滨，
甲兵净洗征输辍，君有余财罢盐铁；
太平相业尔惟盐，化作夏商周时节。

多像白居易那“半匹红纱一丈绫，系向牛头充炭直”的《卖炭翁》，多像杜甫那“安得广厦千万间，大庇天下寒士俱欢颜”的《茅屋为秋风所破歌》……

（五）名宦

柳永每在一任，都被评为优秀干部，最初的睦州推官自然是不必说，干了还不到两个月，就有大人物帮忙推荐升官，还迫使中央出台了新的政策。

调为余杭县令之后，获得了老百姓的一致爱戴，被《嘉庆余杭县志》列入名宦，到了定海之后，同样被列为名宦，并且柳永的这个荣誉称号就像一个火爆网络帖子，被不断地转载和引用，什么《宋元方志》也把柳永列入名宦，什么《宝庆四明志》也把他列为名宦……

然而，柳永同志，别急着高兴，让你感到更加欣慰的事情

还没有告诉你呢？仔细听吧！

最为关键的是元代冯福京老师的《昌国州图志》都把柳永列入了名宦，可是你知道这里的“名宦”是个什么概念吗？

在整个宋代三百多年的时间里，在宋代所有的公务员中，被这本书评为“名宦”的总共就寥寥四人，这就像美国《商业周刊》来评世界五十强企业一样，柳永同志居然就拥有了其中一个名额。

若不是有明确的记载，那些善于考证的大师们一定会列出一千条理由来气势汹汹地证明这绝非柳永所写，他们一定要质问这和柳永那风流潇洒放荡不羁为什么不相符合。

柳永，你听到了吗？他们承认你啦！不再说你是彻头彻尾的浪荡子弟啦！老百姓会永远记住那些关心和爱护过他们的人，哪怕只是简单的一片心意。

几百年后的朱绪同志看到了柳永同志的《煮海歌》的时候，都不无感慨地说：洞悉民瘼，实仁人之言。并且他还为柳永他老人家写了一首诗：

积雪飞霜韵事添，晓峰残月图画兼；
耆卿才调关民隐，莫认红腔昔昔盐。

6. 老老实实做事——为什么没有人提拔我

（一）官制

在北宋的文官制度中，分为三个官位等级，第一个等级称为“选人”，这是最低等级；第二个等级称为“京官”，这是中间等级；第三个等级称为“朝官”，这是最高等级。

其中选人又包含七个等级，在选人的七个等级逐级升迁，称为“选调”，由选人升为京官称为“改官”，由京官升为朝官称为“转官”。 官位等级按照政绩和年份依次升迁，在升迁的过程中，要求有官员推举保荐。

在这里面不好混的当然是位于第一等级的“选人”了，苏轼的老爸就说：

凡人作官，稍可以纾意快志者，至京朝官始有其仿佛耳。自此以下者，皆劳筋苦骨，摧折精神，为人所役使，去仆隶无几也。

凡是我们当公务员的人，除非升迁到京朝官，否则没有一点扬眉吐气舒心快乐的日子，否则就只能像奴隶一样任人驱使，累死累活。

因此选人无不指望如期升迁改官，早日成为京朝官，否则就难以摆脱这种风尘作吏、供人驱使的境地。而怎样才能改官呢？改官需要什么条件呢？

选人以“三任六考”为改官年限，选人要做三任地方官，每一任以三年为期限，每满了一年，就对你进行考核，通过相关的考核，就计成一考，通过了六次考核之后。就能够如期改为京官，也即就是把官位升为第二个等级。

柳永登第后被派到地方去做官，就是“选人”，那么就慢慢地干，慢慢地升吧，最初柳永就是这么想的。

可是在柳永的为官生涯，有几个不幸的短语一直绑在他身上，第一个“久困选调”，第二个“吏部不放改官”，第三个“方得磨勘转官”。看来柳永的官位升迁极不正常。

看来柳永仕途坎坷，官场上不好混啊！

（二）舟山

在选人的七个级别中，第一级为最高官职，第七级为最低官职。柳永最初上任的睦州推官为选人七个等级中的第四级，如果按照正常的升迁顺序进行选调的话，柳永接下去的选人官位升级应该是第三级第二级第一级，然后就由选人第一级升迁为京官。

柳永每到一任，都兢兢业业，而且政绩卓著，考核当然是不存问题，但是由于小赵的原因，主管部门没有让柳永按照正常的顺序升迁。

在基层混了那么多年了，柳永同志的官衔还是选人第四级，再怎么乐观的人也不得不悲观起来，要知道，如果正常的话，柳永马上就可以进京为官了，那可就是中央干部了，那多爽啊。

可是，可是现在仍然还是区区一个四级选人，柳永同志开始郁闷了，郁闷啊郁闷，柳永看不到自己光明的前途，眼前只有一片灰暗。

真是够郁闷的，散散心去吧，于是柳永独自来到了海边，来遥望那舟山群岛，茫茫的大海，烟波浩渺，什么也看不清晰。柳永在这儿站了很长一段时间，也想了很多事情，也对人生进行过思考。他回去后写了一首《留客住》：

偶登眺。凭小阑、艳阳时节，乍晴天气，是处闲花芳草。遥山万叠云散，涨海千里，潮平波浩渺。烟村院落，是谁家绿树，数声啼鸟。

旋情悄。远信沈沈，离魂杳杳。对景伤怀，度日无言谁表。惆怅旧欢何处，后约难凭，看看春又老。盈盈泪眼，望仙乡，隐隐断霞残照。

岁岁年年，春去春来，生命在孤寂的岁月中消耗，清春不再，旧欢难寻，想想未来的前途，更是虚幻渺茫。紧紧凭着回忆昔日的些许欢乐的痕迹，换取心灵上些许短暂的慰藉。

前途啊前途，前途到底在哪里？一点希望也看不到，真是悲哀，悲哀，悲天下之大哀！

（三）泗州

仁宗庆历二年（公元 1043 年），这年柳永同志已经六十大寿了，他已经在三个不同的政府部门相继工作了九年，这应该是柳永回到京城去做官的一年，这是他日日想夜夜盼的一年，柳永同志等这一年已经等得够久了。

他时刻准备着，准备着启程进京，去见见小赵同志，回去看看那些仍然活着的姐妹们。

他最近特别地敏感，只要外面一有响动，柳永就情不自禁地停下手上的工作，潜意识里就想，不会是上级的任职文书到了吧，不会是来通知我进京面圣了吧。

终于，通知来了。

柳永迫不及待地迎了出去，双手接下自己等待已久的宝贝，可是当他打开一看，不知道那里出现了 problem，他没有接到改官的中央通知，而是收到了继续选任的通知：泗州（今江苏）判官。

这是怎么回事，可是我已经到期了，考核都通过了啊，应该升为京朝官了啊？

“可是”这个词语就如同“如果是”一样，是最没有市场的，但是往往被弱者所青睐。

整整九年，就升一级，本是因该发生质变的官衔，此刻却只是发生了一点点的量变，叹我那伟大的马克思因果哲学理论

被柳永的仕途撞得摇摇欲坠。

在看到“泗州判官”这四个字的一刻，柳永的心顿时变得格外的沉重，他几乎流出了伤感的眼泪。因为他想起了自己自从参加工作的第一天起，就没有做错过一件事情，而且每到一任都被评为优秀干部，然而，中央政府为什么就是不承认自己的才华和能力呢？

柳永继续回想，回想自己在工作岗位上的每一个日日夜夜，回想起自己为了干好工作而努力构思的每一个方案，回想起自己为老百姓干过的每一件事情……

柳永真的想不通，一点也想不通，想不通，想不通。

中国从来就不是一个好人就有好报、能人就能显达的国度，难道你就不知道屈原贾谊曹植王勃等等那么多人的命运？难道你也不知道李白杜甫王维他们仕途的糟糕？他们那么有才的人既然想不通，柳永同志就别瞎想了吧，上级让你干什么就干什么吧。毕竟这判官比起当初的推官还算是升了一级。

（四）启程

春天到了，柳永无可奈何地踏上了赴任的船只，船儿沿着汴河一路北上。

那些冰冻的湖水已经解冻了，岸边的小草都开始发芽了，春风轻轻地吹拂着人的脸面，柳永靠着樯橹，极目千里，江天一色，几只鸿雁正在蓝蓝的天空若隐若现地飞翔……

突然，柳永想起了东京，想起了自己潇洒风流的地方，那些花园的树木也都发芽了吧，那里的花儿也都开了吧，那些鸟儿也应该开始到处叫了吧……

想想那时候每天喝酒听歌，逍遥快活，真是神仙般的日子，如今，而如今就像一根飘飞的蓬草，让我飘向哪儿就只能飘向哪儿，离开京城这么多年了，也不知道她们还有哪些人活着，不知道安安、师师、佳娘她们是否还记得自己……

想着想着，突然想到虫虫，玉英她们已经去世了，于是悲从中来，一滴清泪掉到了船板上。于是返回船舱，掏出笔墨，记录下了自己的人生轨迹——《古倾杯》：

冻水消痕，晓风生暖，春满东郊道。迟迟淑景，烟和露润，偏绕长堤芳草。断鸿隐隐归飞，江天杳杳。遥山变色，妆眉淡扫。目极千里，闲倚危樯迥眺。

动几许、伤春怀抱。念何处、韶阳偏早。想帝里看看，名园芳树，烂漫莺花好。追思往昔年少。继日恁、把酒听歌，量金买笑。别后暗负，光阴多少。

伤感啥呢？又玩起“悲情”来了，继续赶路吧！

（五）吕溱

虽然没有没有多少堵车堵船的事情，但是那时的交通工具就像政府出台的惠民政策一样特别地慢，柳永在途中苦苦地度过了几个月的时间，终于达到了苏州。

柳永，苏州有什么同学或是朋友吗？

没有！是的，柳永的人缘不好，他没有多少朋友，尤其是男性朋友特别少。

说实话，他并不适合当公务员，他的性格也不适合当公务员，据说今天的公务员有两条不传秘宝，那就是要有妓女的无耻和流氓的手段。

无耻的妓女往往没有流氓的手段，有手段的流氓往往当不了无耻的妓女。人要变得无耻，是比较容易的，但是要变成妓

女就比较有困难了；人要玩点手段也是比较容易的，但是要变成流氓就比较有困难了。如果要融会贯通，兼而有之，可真是不容易，难怪唐婉姐姐一个劲地叫呢：难，难，难！

管不了那么多了，反正现在已经混进来了，无论如何得混到底。找找关系看看，看有没有哪个良心未曾泯灭的家伙帮帮我。

对，找吕溱。

吕溱同学此时是苏州太守，这个同学不简单，是状元出身，欧阳修老师对他非常赏识，曾经还推荐他接替自己的位置。吕溱同学曾经也算是个愤青，给赵祯主席写信，揭露国家总理陈执中的贪恋富贵和行为奸邪，并且一直到把总理给拉下台来才干休。

柳永同志做官非常清廉，算得上廉政模范，没有受到人们的贿赂，也没有贪污，如果要评选全国十大廉政干部，柳永一定能在颁奖晚会上出现在电视屏幕里面。所以虽然当了几年官，但是没有什么钱，而有的只是自己那所谓的才华。那么好吧，就给吕溱同学写一首词吧——《木兰花慢》：

古繁华茂苑，是当日、帝王州。咏人物鲜明，土风细腻，曾美诗流。

寻幽。近香径处，聚莲娃钓叟簇汀洲。晴景吴波练静，万家绿水朱楼。

凝旒。乃眷东南，思共理、命贤侯。继梦得文章，乐天惠爱，布政优优。鳌头。况虚位久，遇名都胜景阻淹留。赢得兰堂酝酒，画船携妓欢游。

柳永于是把他和出生于唐代的那些老同学们进行了对比，

说他有刘禹锡同学的文采，有白居易同学的仁心，还有……还有……没有了。

柳永总是在拜谒的时候，，献给那些有头有脸的大官一首词，作为见面礼。也许，柳永同志觉得自己的才华还可以，而名气也够响亮，因此自己的大作也会有所分量。

可是，人家好像对一张纸和几个字的兴趣不是很大。可能随手一扔就不知道飘向了那个角落，然后被清洁工给扫出去扔进了垃圾桶。

吕溱同学没有帮上柳永同志的忙。

（六）回忆

理想破灭了，但生活还得继续，别瞎想了，赶路吧！

正是阳春三月，船儿一路而行，柳永看到了很多美女出来游玩，她们一个个打扮得错落标致，仿佛春天盛开的桃花，划着船儿在湖中游玩嬉戏，照亮了行人的眼睛，引得来来往往的行人伫立欣赏。

“爱美之心人皆有之”是一条千古不变的真理，柳永同志虽然年过六十，但是仍然没有能力把它推翻，于是也跟着大家两眼放光应接不暇。

眼看那些少男少女们调情嬉戏，柳永想起了自己年轻之时来这里旅游的情景。

对的，那时候自己风华正茂，帅气逼人，多少美女靓妹围着自己转，多么潇洒，多么快活。

为了追求自己的功名，成就自己的事业，自己放弃了风流潇洒的快活生活，离开了那些如花似玉的美女。

如今，一眨眼就六十多岁了，老头子了，婚没有结，房子没有买，事业没有成，职称没有评……

想着想着，就想起了范蠡和西施来了，柳永仿佛看到功成名就后的范蠡带着西施一起飘在五湖的舟上，一直飘向遥远的天际。

夜幕降临了，柳永抬头望去，只见苍凉冷落的寒村参差错落，那两三家房顶的炊烟渐渐消散了。

到了，到了，该上岸了。

柳永离开船，从渡口上了岸，一条古老的道路一直通向夜幕的深处，柳永仿佛看到了路面上六朝的风雨……

早点睡吧，柳永同志，明天还要赶路呢！不过，睡觉之前，还是先写下自己的心情日记吧，这是一首《瑞鹧鸪》：

全吴嘉会古风流。渭南往岁忆来游。西子方来、越相功成去，千里沧江一叶舟。

至今无限盈盈者，尽来拾翠芳洲。最是簇簇寒村，遥认南朝路、晚烟收。三两人家。古渡头。

（七）苦旅

没有飞机，没有火车，没有汽车，有的只是那十分环保的船只。这船只没有瓦特同学的蒸汽机，但所幸船长同志聪明，虽然没有学过物理，也没有参加过什么新能源研讨会，但是这哥们儿知道利用风能。不过即使是这样，仍然走得很慢。

是的，很慢，很慢！

一直到了夏天，柳永同志才拖着疲惫不堪的身躯到达淮水。

唉！这天气这天气，连续那么多天都没有下雨了，地面都龟裂开来，地面上的裂缝如同一道道显眼的伤痕。地面上的树木一个个没精打采地低着头，仿佛犯错受训的小孩。火热的太阳把满天的云朵烧得通红通红，仿佛要吞噬这个世界。

船上没有空调，一丝风都没有，有的只是柳永手中一本发黄的破书，但是就连这本书也被汗水给沾湿了一大快。

这船儿好像怎么不动呢？

快点吧，快点吧，什么时候才能到啊，热得受不了啊，快点吧，快点吧！花甲之龄的柳永脸上布满了凄苦，并且这凄苦大有扩张疆土的欲望。

太热了，没有风，不走了，咱们找个地方把船停下来歇歇吧！

船长终于发话了。

为了躲避那炎夏的烈日，船帆缓缓地降下来了，船儿拐进了芦苇丛中，一个个热的没有人想说话——只是偶然有那么两个人唉声叹气。

唉，这天气！这天气！

座中叹气谁最多，泗州通判柳三变！只不过他是文人，文人是要讲面子的，所以只能在内心里叹：这大热天，为了一点小名利，值得吗？

是啊，值吗？我老柳在官场里忙活了十多年了，仍然还是这个老样子，值得吗？

对，值得吗？值得吗？

还不如做过普通百姓，落得个逍遥自在。人生在世不称意，明朝散发弄扁舟。

在夜幕的烛光下，柳永写下了自己的心情日记，记录了下边的文字（《过涧歇近》）：

淮楚。旷望极，千里火云烧空，尽日西郊无雨。厌行旅。数幅轻帆旋落，舣棹兼葭浦。避畏景，两两舟人夜深语。

此际争可，便恁奔名竞利去。九衢尘里，衣冠冒炎暑。回首江乡，月观风亭，水边石上，幸有散发披襟处。

真的不想在官场上混了吗？真的吗？那么多年都熬过来了，难道现在就真的萌生退意了吗？

公务员啊，铁饭碗啊！多少大学生都想要的，真的不想要了吗？不是你一直都在苦苦追求的吗？

（八）苦旅

没有汽车和飞机就是麻烦，柳永同志走了那么长的时间，依然还是飘在水上，一路上饱受了羁旅困苦和忧愁幽思的煎熬，没有想到又是一阵乌云密布，很快便下起了雨。

船只只有靠岸停泊了。柳永望着那遥远的泗州，不知道还有多远，不知道还要经过多少天才能到达，那布满皱纹的老脸写满了茫然。

还好，只是一阵短促的夏雨，很快天气放情了，远处山间的烟雾也渐渐地消散，露出了青山的峰顶，路边的青草被洗得一尘不染，仿佛被颜料给染过一般，油绿欲滴。

启程了，启程了！

柳永又上船了，大家一个个变得心情舒畅，谈笑风生，而柳永对这美好的景色，一点感觉都没有。

“欢乐是他们的，我一点儿也没有”

非但如此，柳永同志好像病了，没有一点儿心情，他只想睡觉，对，痛痛快快地睡一觉，忘记世界的一切。

可是，这船上太吵了，就像学生在课堂上交头接耳一样，柳永烦透了，可是又没有能力制止下去……于是，他老人家就眼睁睁地望着远处，尽情地纠结……

一天的行程又要结束了，远处暮云沉沉，笼罩上了暗暗的夜色。

注意，注意，上岸了，上岸了！

船夫使劲地摇了摇船桨，把船靠了岸，对着旅客们说：各位旅客请注意了，各位旅客请注意了！由浙江开往江苏的新能源环保号轮船要在终点站靠岸了。经历了一天的旅途，大家辛苦了。前面那有一盏渔灯的店就是旅社。请旅客们抓紧时间好好休息。晚安！

怎么，到了吗？哦，原来是天黑了，又要住旅社了！柳永突然明白过来了。

的确是苦，的确是累，柳永同志，真的病了吗？好好睡一觉吧，明天还要继续赶路呢。

心情日记还写吗？这已经是柳永同志的生活习惯了，当然要写，那就写了再睡吧——《安公子》：

长川波潋滟。楚乡淮岸迢递，一霎烟汀雨过，芳草青如染。驱驱携书剑。当此好天好景，自觉多愁多病，行役心情厌。

望处旷野沈沈，暮云黯黯。行侵夜色，又是急桨投村店。认去程将近，舟子相呼，遥指渔灯一点。

柳永睡了，沉沉地睡了，睡吧睡吧，睡它个一万年！

（九）苦旅

苦旅，苦旅，继续苦旅，这是柳永同志命中的注定，而不是像余秋雨老师的历史使命所驱使。这就是柳永同志晚年的生活，非常抱歉，我也没有办法，我们也只有跟着苦旅。

这一叶扁舟，飘飘摇摇，终于进入江苏境内了，停靠在长江南岸边上。

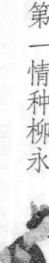

不要老呆在船上纠结了，出去散散心吧，溜达溜达！

柳永独自走出了船兵，茫茫的烟水模糊了人的双眼，从远处古城里传出的号角，引起了胡笳幽怨的声音，一只接着一只的鸿雁，停落在水边的沙洲上，闻到幽怨的胡笳声和远处的号角声，又被惊动得向四处飞散。

遥望远处，一座接着一座的山峰，显得那样渺小，颜色很浅，只有一片黑魆魆的影子，夕阳最后的余晖也照不出山岚的模样。

看到这幅凄凉的景色，才子不禁又要发感慨了：唉，真是后悔啊，真不该轻易地把她们给抛下的，为了找个政府里面的工作，为了那么一点小名小利，劳累了多少年，奔波了多少年。

的确，柳永同志，累够了，苦够了！

感慨还要继续吗？

还要继续！

京城距离这里还很远啊，什么时候才能回到京城去呢，还要过多少年呢？她们也不给我写信了，一点音讯都没有，不知道大家都怎么样了，她们还记得我吗？

柳永同志一边思想一边感慨，心里的苦水，仿佛脚下的流水，怎么倒也倒不完，倒不完就写出来吧，让它在历史的天空中不断地释放吧——《迷神引》：

一叶扁舟轻帆卷。暂泊楚江南岸。孤城暮角，引胡笳怨。水茫茫，平沙雁、旋惊散。烟敛寒林簇，画屏展。天际遥山小，黛眉浅。

旧赏轻抛，到此成游宦。觉客程劳，年光晚。异乡风物，忍萧索、当愁眼。帝城赊，秦楼阻，旅魂乱。芳草连空阔，残照满。佳人无消息，断云远。

（十）到达

路漫漫其修远兮，吾将死也不走了。正当柳永在半昏半睡的状态下决定辞职不干了的时候，泗州终于到达了。

柳永跌跌撞撞地来到了泗州府，他现在需要好好地休息一下。

柳永躺在床上，紧紧闭着双眼，他病了吗？没有病，他在思考自己的前途。人的年龄越大，思考问题就越长远，柳永思考得够远，一直想到了死亡。

差不多六十岁了，估计也活不了多少年了，对，一定要尽快想办法找到一个能够安顿余生的地方，不能再这样飘来飘去了，要回到京城去，也可以找个相依相伴的人，否则晚年就艰难了。

对，无论付出多大的努力都要把自己的官衔升上去，要回到京城去，去找她们，她们应该有的还记得我。

柳永想得很多，最后得出一个结论：现在的工作重心已经不是为老百姓干好事取得政绩，现在是要如何使自己升迁上去了。最好就是到京城做官，找一个老伴相依相扶共度晚年。

柳永老同志将为他的打算作所有的努力。

7. 机会来了——为什么倒霉的人总是我

（一）征文

我们的老朋友，小赵同学又回来了。也许没有他对柳永那残忍的厚爱，柳永或许做不了才子，成不了名，柳永一次又一次免费地受着他的成全。

小赵同学的回到我们这一节是因为一件奇异的事情。

在这个时候，天上出现了了老人星，这里有必要对老人星进行一番解释。

老人星是第二亮的星星（第一亮的星星是天狼星），古人莫名其妙地认为它象征长寿，所以又称它“寿星”。当然这颗星星就像流星一样，它也不是轻易能够看到的。只要它一出现，既不学自然又不学天文的古人就傻乎乎地认为它的出现是天下太平的征兆。

这个小赵同学同样也只是读了点语文，一点天文知识都没有。所以现在见到了这颗星星，就认为自己是英明神武的仁君，狂喜不已，要不怎么会有老人星出现呢？

为了表现庆贺，他立即下发征文通知，改成现代版就是下面一些话：

关于举行“老人星杯”文艺创作大赛的通知

大宋王朝的文艺工作者：

今日有老人星光顾我大宋国土，为了庆祝国泰民安，经研究决定在全国范围内举行征文大赛，体裁不限。本大赛设优秀奖若干。对于获奖者将有机会获得官员封赏，奖品丰厚，欢迎踊跃投稿。

机会来了，那些被科举淘汰的读书人，那些落魄的才子们，那些带有侥幸心理的人们，机会来了！

于是，大家一个个闭门谢客，独坐空房，苦苦构思，都希望自己能够写出一篇惊人的作品。

当然，有的人为了当官，甚至铤而走险，做出抄袭的丑闻。和今天的文学青年乃至大学教授一个样。

（二）词祸

柳永正在为自己改官的事情发愁，没有想到老天居然看到了自己的心思，于是柳永阅读了大量的诗词材料，经过精心的酝酿构思，写了三天三夜，终于写出了一首《醉蓬莱》：

渐亭皋叶下，陇首云飞，素秋新霁。华阙中天，锁葱葱佳气。嫩菊黄深，拒霜红浅，近宝阶香砌。玉宇无尘，金茎有露，碧天如水。

正值昇平，万几多暇，夜色澄鲜，漏声迢递。南极星中，有老人呈瑞。此际宸游，凤辇何处，度管弦清脆。太液波翻，披香帘卷，月明风细。

柳永为了达到歌功颂德的效果，为了得到小赵同志的赏识，在写这首词的时候，他可以说是绞尽脑汁费尽心思。

第一，他刻意化用前人的诗文，大量应用典故和传说，往日的俚俗词语一个都没有用，因而让这首词显得庄重古雅。

第二，大量使用对偶的词句，让这些对偶的词句在词里面俯拾皆是。并且一开始就让“亭皋叶下”与“陇首云飞”形成对偶。短短的一首词就用了七个对偶，让整首词显得工整富丽。

第三，这首词的格式大多是四字句，其中有五个是五字句，但是为了显得庄重和谐，柳永想了一个办法，那就是把五字句的五个字分为两个部分，其中第一个字都作为引起四个字的领字。

……

写好之后，柳永没有马上交上去，这时候他想起了一个还算不错的朋友，这个人叫孙可久，他是皇宫的内臣，跟小赵走

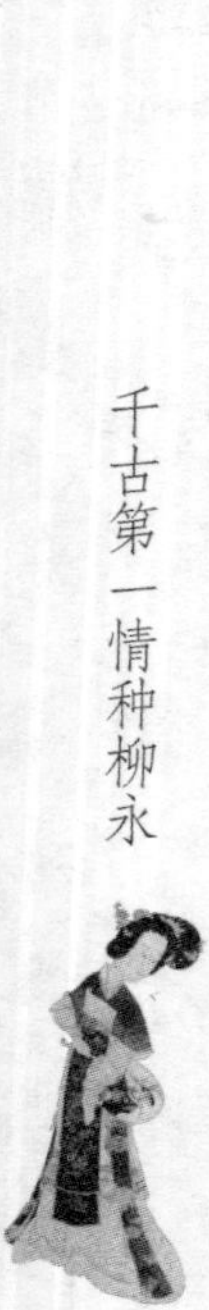

得比较近。所以柳永就托他把自己这首词交了上去。

评委们见这是孙大人送上来的稿子，自然也不敢怠慢，自然也多看了两眼，看到作者的精心构思，大家都觉得这首词写得不错，所以一致同意让这篇作品入围了。

但是这次作文大赛的总评委是小赵，小赵可是有点文学修养的人，我们前面就已经说过他精通音律能够写词。

当入围的稿子被送到赵祯面前的时候，他也只是把那些作品简单地扫了两眼，可是赵祯看到柳永的名字就特别的眼熟，于是勾起了自己的兴趣，认真拜读起了这位才子的文章来了。

可是第一个“渐”字就让赵祯感到不爽，一开始就用“渐”，小赵很少看到过这样开篇的词作，认为把一个单字放在前头，然后引出四个字，显得有些不大和谐。

当然这不是什么大问题，接着看吧。

看到“此际宸游，凤辇何处”时，心里就老大不快，因为这和他老爸的挽词“宸游凤辇何处”相似，好家伙，颂词居然被你写成了悼词。

还有什么可看的，都写成这样了，既然大家都说这柳永是个所谓的才子，就把它看完吧。

当他看到“太液波翻”的时候，就开始发飙了。

写的什么狗屁东西，为什么不用“太液波翻澄”呢？徒有虚名的家伙。

于是，把作品一把扔在地上，恨恨地道：“此人不可仕宦，尽从他花下浅斟低唱。”

呜呼，曾经年轻的时候写了一首《鹤冲天》让自己倒了大霉，如今年老了写出一首《醉蓬莱》，又让自己倒下了大霉。

柳永同志还有救吗？还有救吗？我真是为他感到担忧，担忧，真的很担忧。

8. 拜见国务院总理——自尊心受了点点伤

（一）不公

当柳永同志得知自己的献颂没戏之后，他并没有因此就算了，这次的失败反而激起了他的斗志。

这次算我错了，算是我忽略了，可是这跟我柳永的转官有什么关系吗？我要的是正常的升迁，而不是借助歌功颂德来升迁。

为什么人家没到时间就可以升迁，而我在基层干了这么多年却一直都不动？

为什么人家碌碌无为就可以青云直上，而我努力工作却得不到上级的提拔？

我什么“无行”？凭什么“黜之”？就算我“无行”那也是很久很久以前的事情了，如今我一直都好好表现努力工作，难道还“无行”吗？

这不公平！

是的，这个世界本来就不存在公平，即使有也是需要人取争取的。

那好，申诉！

于是，柳永独自从泗州出发，向京城奔去，他要为自己的合法权益讨回公道，即使升迁不上去，怎么也得讨个说法。不能让他们想怎么样就怎么样。

北上，北上，一直北上；进京，进京，马不停蹄。

（二）晏殊

柳永想到了当朝的宰相，这时候的宰相是晏殊（公元991

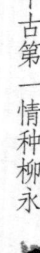

年—公元 1055 年)，晏老师也算是我们的老朋友了，还记得不？在初中语文课本里认识的，就是因为那首小资情调的《浣溪沙》：

一曲新词酒一杯，去年天气旧亭台，夕阳西下几时回？
无可奈何花落去，似曾相识燕归来，小园香径独徘徊。

他可是堂堂的大宋总理，但是每天工作之余，也就是喝口小酒，填个小词，听个小曲，有时候也莫名其妙地来那么一点小伤感。

其实，如果你记性好的话，我已经说过，晏老师 14 岁的时候，就因才华横溢而被被朝廷赐为进士。

晏老师当了宰相之后，喜欢推荐贤才，范仲淹和欧阳修等同学都经过他的援引。晏老师也算是一国才子吧，他喜欢填词，所以他虽是宰相，但也算是文化圈内的同人了。

对了，就找他，碰碰运气！柳永一则认为晏老师是文化圈的人，二则认为他现在是总理大人，所以柳永认为他一定能够帮助自己。

（三）受伤

柳永首先去向晏老师进行了约见，晏老师早就听说柳永这个名字，而且发现这个名字被炒作得沸沸扬扬，有时候是正面的评价，有时候又是负面的评价。在好奇心的驱使下，他也早就想看看这小子到底长得啥个模样。但是晏老师是一个明哲保身的人，他虽然延进人才，但是他是要在不触动自己利益的基础上去帮助别人。

而柳永不同于其他人，不同于范仲淹和欧阳修等同学，柳永同学跟我大宋天子小赵同志是有过节的，而且有很深的过节。

如果我老晏顶这个柳永的话，皇上会怎么看？我跟天斗跟地斗，也不敢跟皇上斗。

不过，晏殊是可以给柳永一些意见或是开导的，等柳永来了再慢慢聊吧，看看这位名人到底是尊什么人物。

这次柳永没有写什么诗词作为进献之礼，而是光杆一条直接去会见总理大人。

晏殊同学早就知道柳永的来意，于是开门见山地道："贤俊作曲子么？"

这句看似简单的句子其实有点不好理解，他的意思是说，你也是搞文学创作的吗？你也是爱好文学的吗？

柳永对总理大人当然是有所了解的，于是为了套近，就脱口而出："只如相公亦作曲子。"

是的，我和晏老师一样也喜欢文学，也喜欢填词！

柳永自认为自己的回答聪明绝顶，暗自自豪不已。

但是，没有想到晏老师听了感到极为不爽，他感觉柳永把我晏殊跟他柳永这个穷酸书生放在了平行的位置。我晏殊是什么身份，你柳永是什么身份，我晏殊是个什么社会形象，你柳永是个什么社会形象。

于是，晏老师就非常不悦地回答："我虽然写词，但不会写'针线慵拈伴伊坐'这样的低俗的话。"

柳永没有想到自己都一大把年纪了，这个晏老师居然会说出这么刻薄的话，一张老脸顿时就红一阵白一阵，只恨眼前有一条地缝让自己钻进去。

柳永本是对晏老师充满了无限的期望，不料三句话之后这些期望以及对晏老师的那些美好的印象全部化为了泡影。

于是，柳永默默地转过身子，继续去为自己的权利奋斗。

9. 开始升官了——皇天不负有心人

（一）新政

由于西夏对宋发动战争之后要求小赵要给西夏送礼，什么金银啊、绢啊、茶叶啊……小赵力量弱打不过人家，于是只得低头答应。辽国同样欺负小赵，不给他送礼物就要打他，小赵也只得乖乖地给辽国送各种各样的礼物。但是为了顾及面子，就称之“岁赐”，是因为我大宋王朝国富民昌，特意赏赐给你的。

庆历三年（公元 1043 年），由于政治体制的弊端和强大的经济支出，小赵政府产生的冗官、冗兵、冗费的现象日益严重，眼看再不进行政治改革，这个政府恐怕支撑不了多久，这时候小赵想起了那个既讨厌又欣赏的范仲淹。

在这样的八月份，柳永的偶像范仲淹老师又被调进了中央，这次不简单，进去之后就当了参知政事，也就是副宰相。一身正气的范老师早就对政府部门的黑暗腐败深恶痛绝，曾经因为托小赵老妈的后门关系，有不少不学无术的人涌进了政府部门，范老师就冒天下之大不韪针对这种情况进行过斗争。

而现在自己上台了，小赵把权交给了自己，建功立业的机会来了，有道是有权不用过期作废，于是范老师拿出他那“不以物喜不以己悲”和“先天下之忧而忧后天下之乐而乐”的魄力，发动了一场轰轰烈烈的政治改革运动。后来这场运动被称为“庆历新政”。

在这次政治改革运动里，其中有一项极为重要的措施是要严厉打击官场腐败，建立公平公正的公务员选用制度。

看来柳永同志的前途没有那么悲观，这不是机会又来了吗？

（二）复审

这年的十月，范老师向小赵提交了自己的改革方案，其中就明确要求重新制定公务员升迁制度，要求对京朝官选人的近状一一进行复审，做出公平公正的批复。

小赵听从了范老师的意见，不过他不听也不行，我们早就说过，他是一个除了会当皇帝就什么也不会的人。于是他按照范老师的意思，颁布了一条诏令：

中外有陈叙劳绩，或诉雪罪状，中书批送有司者，谓之“送煞”，更不施行。自今宣令主判官详其可行者，别奏听裁。

但又据说这道诏令是这样写的：

诏臣僚举职官、州县官充京朝官，判、司、簿、尉充县令，流外出身州县官充令、录、班行，其奏状式样颁令遵用施行。

反正管它到底怎么说的，也就是一个意思：要重新起用有能力的官员，对于那些选人的进状要重新进行审核。

这一复审，柳永的机会可不就来了吗？当然小赵同志也不好意思进行干涉。毕竟也是读了一点书的人，他懂得这个道理：个人的事再大也是小事，国家的事再小也是大事。

柳永在第一次被推荐改官，是因为没有工作经验和工作成绩，但是现在已经在基层工作了十多年了，既有工作资历，又有工作成绩。

既然小赵不干涉了，那就通过吧，给他升迁吧，于是红笔一勾，柳永同志就升了。

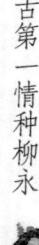

（三）见面

柳永终于在仁宗庆历三年（公元 1043 年）的冬天获得了正式升迁。直接由泗州判官这个三级选人的位置升迁为了京官著作佐郎。

终于混进中央了，柳永等这一天已经等得够久够苦，那可是自己从小就立志要寻求的东西，现在终于得到了。所幸柳永是个名副其实的才子，他的心态比较年轻，在他收到升官通知的一刻，他一阵高兴之后又是一阵心酸。

按照惯例，柳永升为京官之后要去和小赵见面，柳永同志怀着忐忑不安和兴奋激动的心情走进了皇宫。

想当年自己刚来的时候，每天都尖着脚去瞻仰那套富丽堂皇的建筑，如今真的有机会进去了，要是那时候能够进去该有多好！

很多东西得到的时候已经不再贵重，而当它贵重的时候却得不到。每一个人都生活在这种悲剧的现实之中。虽然每个人都努力去冲破这个悲剧，但是能够冲破的总是少数的几个。

小赵在朝廷中召见了柳永，就像现在的国家领导人在人民大会堂会见客人一样。此时，柳永 60 岁，而小赵同志 33 岁。

小赵同志也不是小孩，而变成一个懂事的大人了，他对老柳格外地尊重，对柳永同志给予了高度的评价。这是柳永的仕途人生最耀眼的光环：召见仁庙，宠进于廷。

柳永对小赵那隐埋在心底的阴影顿时消失了，对赵家的政府充满了仇视和愤恨全部消散得无影无踪。

是的，柳永像中国绝大多数善良的老百姓一样是很容易满足的，他们只需要政府给予他们一点做人的尊严，其他的什么利益权利都可以等闲视之。

（四）虚职

小赵没有对柳永的打击忏悔过，更没有对他的排挤表示过道歉，因为他觉得自己贵为一国之君，四海之内莫非王土，率土之滨莫非王臣，天下所有的一切都是他的，他可以任意支配一切。包括你的人格、生活、前途、命运……的确，我们也不能苛责小赵，中国古代的皇帝们基本上都是这个德性。

小赵虽然表面上对柳永同志格外的客气，但是实际上小赵并不重视柳永，他只是在面子上应付这个老头子一下而已。等到面试结束。我小赵管你当什么官做什么事，管你走到海北还是天南……小赵从来就没有真正欣赏过老柳，直到死小赵也没有跟老柳和解，而和解的只有那个在江湖夜雨中艰难跋涉的柳永，而且他一直都期望着能够回到小赵的身边，直到死他也一直都在期望。

柳永这个京官著作佐郎是一个虚拟的官职，并非实际职务，所以现在柳永同志还不能留在京城。按照北宋的官制，初改官必须到基层去了解民生状况，所以要被授予“作县”或“亲民”之职。

而此刻，柳永被授予的实际职位是西京灵台令(华阴县令)，这就是所谓“作县”或“亲民”之职。

不管怎么说，自己转官的理想终于实现了，也没有让自己白白奔波一场，在晏殊面前的脸也没有白丢。虽然这个理想没有自己所想象的那么美好。

（五）街市

这是柳永同志在东京最后一次的逗留，再去瞧瞧这座城市的繁华吧，不然就再也没有机会了，永远的没有机会了。

现在的身份可是京官了，而不再是当年的那个浪荡子了，

当然也不能像往日那样使用11路，而是骑上了高头大马。

柳永骑在马上，任由马儿慢慢地前行，自己优哉游哉地闲逛，时而停留一两秒钟驻马凝望，时而停下三五秒种回忆思考。

这座城市一点儿也没有变化，依旧是那么热闹，依旧是那么繁华，整座城市闪耀着耀眼的灯火，仿佛就是现代的霓虹灯，那敲锣打鼓的声音仿佛就是现在的摇滚乐和的士高。鳞次栉比的店铺堆满了琳琅满目的商品，那此起彼伏的叫卖声依旧是那么高亢。纵横交错的道路上尽是来来往往的人群，川流不息的马车一辆接着一辆地驶过。

不知不觉地，柳永来到了了那个久违的地方——平康里，柳永不由自主地拉了拉缰绳，减缓了前进的速度，他倾听着里面传出来的歌声，那微微闪耀的烛光吸引住了自己，柳永拉住缰绳，停了下来。放眼远远地望去，只见里面的人物似曾相识，依旧是雅致轻盈的体态，娇艳秀气的美貌，迷人心魄的巧笑……

可是，柳永突然想起了自己此刻的身份，立刻抖动缰绳，走过这个曾经光顾过的老地方。

柳永一边走又一边回忆，他想起了虫虫，想起了玉英，想起了瑶卿，想起了曾经一起走过的每一个人。

回去之后，柳永写了一首《长相思·京妓》：

画鼓喧街，兰灯满市，皎月初照严城。清都绛阙夜景，风传银箭，露叆金茎。巷陌纵横。过平康款辔，缓听歌声。凤烛荧荧。那人家、未掩香屏。

向罗绮丛中，认得依稀旧日，雅态轻盈。娇波艳冶，巧笑依然，有意相迎。墙头马上，漫迟留、难写深诚。又岂知、名宦拘检，年来减尽风情。

再见了，东京；再见了，佳丽们。

第四章

落魄凄凉的晚年柳永

1. 所谓京官——全都是虚的

（一）升迁

仁宗庆历三年（公元 1043 年），也即柳永在 60 岁的时候，他的官职升为了著作佐郎，到了仁宗庆历六年（公元 1046 年）柳永按照任官制度继续升迁一级，成为了著作郎。又过了三年，到了仁宗皇祐元年（公元 1049 年），柳永随之有升为了太常博士。又过了三年，到了仁宗皇祐四年（公元 1052 年），柳永 69 岁的时候，升为了屯田员外郎。

到了仁宗皇皇祐五年（公元 1053 年），柳永已经 70 岁了，按照北宋的官制，文官类的公务员到了 70 岁就必须退休了，但是柳永没有申请退休，继续顶着中央的官职，在地方艰难跋涉，寻找升迁的机会。

到了仁宗皇祐六年（公元 1054 年），柳永就去世了。柳永去世之后，国家又给他追赠了一个官职——郎中。但是人们一般都习惯以他身前的最高官位来称呼他——柳屯田，只是有少数人称他为郎中。

但是这里要说明的是柳永那些所谓的中央官职，都是虚职，是所谓的寄录官，没有一个是实际的职务，柳永每次得到升迁之后，都是被派到地方去干基层工作。所以，柳永的确是做了京官，但是没有在京官的位置上干过事，而是一直都顶着京官的帽子干着基层的工作。他的晚年一直都是在地方旅途劳累奔波，努力寻找自己的归宿，最后也是死在奔波的旅途中。

在柳永一路奔波的途中，有两件事情是值得他欣慰的，可是他一点也不知道，到底是哪两件事呢？

2. 让人欣慰的事——与我有关吗

（一）儿子

大约仁宗庆历六年（公元 1046 年），柳永同志 64 岁的时候，他唯一的儿子柳涚在这一年考上了进士，此时他的儿子才三十来岁。

但是人们一直都说柳永是没有儿子的，那么这个儿子就估计是柳永的私生子了，不过也可能是他崇安的妻子嫣然生的，也许是京城里的其中一位歌妓为他生的。但是柳永不知道自己有个儿子，更不知道自己的儿子还考上了进士。

不过这个儿子比自己要强，30 岁就考上了进士，不像自已50岁还都是一介布衣。皇帝老子发了善心开了恩科，才勉强考上了一个第三等的进士。并且自己儿子也跟自己一样做过著作郎，做过大陕州司理参军，做事情相当了得，最后还被特别改为大理寺丞。

（二）侄子

仁宗皇祐四年（公元1052年），也就是柳永69岁升迁为屯田员外郎的这一年，柳永的侄子（二哥柳三接的儿子）柳淇考上了进士，并且他还是一个小有名气的书法家，他还为柳永写过墓志铭，这样说起来，这个侄子比儿子还行，不是这个侄子为我柳永书写墓志铭，恐怕很有可能就淹没在历史里了。

不过，除了上面两件值得让人欣慰的事情除外，其他的一切就只有劳累和困苦了，这一劳累就是十年，下面我们就跟着过上十年落魄凄凉的生活吧。

3. 老百姓的依靠——当县官的那些事儿

（一）长安

还是从头说起吧，仁宗庆历三年（公元1043年）的冬天，柳永被授予西京灵台令，于是，柳永离开东京赶往西京（长安）赴任，他这一脚跨出去，就踏入到落魄凄凉的晚年中去了。

本来自己已经成功得到了改官升迁，理当满心欢快，然而，由于理想跟现实的差距太大，年过花甲的柳永内心充满了凄凉之感。

柳永一路而行，一路喟叹，一路回忆，一路写词，一路抒发心中的苦闷，他写了一首《少年游》：

长安古道马迟迟。高柳乱蝉栖。夕阳岛外，秋风原上，目断四天垂。

归云一去无踪迹，何处是前期。狎兴生疏，酒徒萧索，不似去年时。

这位孤零零的老人，独自在人间的红尘大道上跋涉，他回忆过去，过去的事情也已经非常遥远；他遥望远方，也看不清远方的道路，看不到自己的归处。

人生最悲哀的事情不是无路可走，而是每走一条路都看不到希望。柳永此刻就这样站在高原上，吹着苍凉的冷风，呆呆地伫立，静静地远望。

然而生活从来就不允许任何一个人停下来，也许柳永希望从久久的伫立远望找到自己人生前进的方向和归宿。

可是，他没有，于是他凄然地转了个身，继续赶路。

（二）好官

柳永来到了华阴，依然像以前一样勤政爱民，他也唯独能够在为老百姓的服务中找到一丝存在的价值和心灵的慰藉，

平日上班时间，柳永就踏踏实实地工作，下班之余他就看看书，观观景，写写词，为当地老百姓所景仰和爱戴，其中有一个故事成了柳永在华阴为官的缩影。

这日，一个纨绔子弟带着自己的仆从一起到歌楼去找小姐，这一群家伙到了之后，一个个刁得很，大吃大喝，却一分钱都不给，歌妓认为他们都是有钱人，肯定少不了自己钱，于是没有加以防范。

于是，他们吃饱喝足，尽情玩好之后就大摇大摆地走了，并且吆吆喝喝，一路淫笑，一路打闹。

第二天，他们又来到了这里，照例又是大肆叫嚣，大鱼大肉，美酒歌舞，吃饱完好之后，就大张声势地走了。

一连十日之后，他们仍然一分钱都没有给，反而把歌妓的首饰全部都给抢走了。

唉，真是佩服这帮人，无耻的程度居然能够修炼得如此之高，那要下多大的狠心啊！

于是歌妓感到万分气愤，请求柳永为他诉讼。

柳永一生对谁都没有感情，唯独对歌妓充满了浓厚的感情，要是其他的官员可能就不管歌妓的案子了。然而，柳永却不能坐视不理。

最后，在柳永的努力下，终于把这一帮家伙一网打尽。

（三）下台

柳永在地方里艰难跋涉，日子自然是不好过，然而他的偶像范老师的日子更不好过。

仁宗庆历五年，（公元 1045 年），由于封建贵族的阻挠和破坏，庆历新政宣告失败，小赵废除了所有的改革措施，而且把范老师贬到了邓州（今河南邓县），并且在以后的日子里一直都被调来掉去，最后死在了奔波的途中，这跟柳永同志的结局差不多。

看来范老师的政治改革也就只是为柳永同志的改官立下了功劳。

眼看这范仲淹老师也是帮不了柳永同志的忙了。

实际上，柳永同志为了改变自己的命运，他一直在思考一条路，但是一直都没有做出的决定，那就是拜谒——找地方行政长官推荐。

他在范老师被炒出中央的前一年就已经开始了行动。

4. 回去算了吧——这官没意思

（一）蒋堂

仁宗庆历四年（公元 1044 年），柳永同志 61 岁，在这一年的春天，他为了自己的仕途，千里迢迢地来到了益州（今四川成都），他来这里找谁呢？他来找蒋介石大总统的本家蒋堂老师。

柳永同志为什么想到来找蒋老师帮忙呢？

蒋堂是益州的地方最高长官——知州大人，因为此人“好学，工文辞，延誉晚进，至老不倦。”

普天下小肚鸡肠嫉贤妒能的人满街上上滚，像蒋老师这样爱好文学又关心后进的人到哪里找去？就是今天也能以找到。

柳永同志不找他找谁？于是他经过精心的构思，认真得揣摩，搞定了一首《一寸金》：

井络天开，剑岭云横控西夏。地胜异、锦里风流，蚕市繁华，簇簇歌台舞榭。雅俗多游赏，轻裘俊、靓妆艳冶。当春画，摸石江边，浣花溪畔景如画。

梦应三刀，桥名万里，中和政多暇。仗汉节、揽辔澄清，高掩武侯勋业，文翁风化。台鼎须贤久，方镇静、又思命驾。空遗爱，两蜀三川，异日成佳话。

像很多中学生为了表现自己喜欢在作文中引用名人名言一样，为了充分表现自己的学识和才华，柳永在词中用了很多典故。要是那蒋老师不好学的话，没准儿还真看不懂。

柳永同志虽然没有上过心理学的课，也没有读过比如《心理学基础》和《心理学纲要》之类的书，但是他懂得一条最基本的心理学上的真理：每个人都希望得到他人的肯定，都希望得到他人的赞美。

管你说我老柳是拍马屁也好，还是攀附别人也好，反正我老柳就把你往死里夸，看你怎么反应。

于是柳永一开始就把蒋堂所在的地盘给夸了一通，写了它地势的雄伟和地理位置的重要。接着又夸它那里城市的繁华和风景的亮丽。

在整体上把蒋老师所在的地方赞了一通之后，接着就瞄准蒋老师本人了。但是，明显的夸得有点过了，居然说蒋老师的功绩胜过了那号称智绝的卧龙诸葛亮。

我老蒋虽然没有你柳永的名气那样大，但是自知之明还是有点的，你自己吹自己不打草稿，居然吹我也不打草稿，让别人看了，一定要闹出笑话。

显然，柳永同志没有受到蒋老师的礼遇，于是柳永凄凉地转过身子，继续去寻找能够帮助自己的人去了，下一位会是谁呢？

（二）思考

走吧，走吧，柳永拖着一副疲惫不堪的身躯，独自穿行在红尘古道之中，晚风吹拂着他内心的愁苦，那忧愁如同大海的波浪，一浪高过一浪。

寂寞的人都喜欢回忆，孤单的人总热爱思考。

于是柳永同志又开始回忆开始思考了。

他想起了过去那依红偎翠的日子，想起了那美酒佳肴的日子，想起了歌儿舞女的身影……

回忆之后照例就开始思考了。

屈指算来，人生不过匆匆百年，有得到就有失去，你在追求名利的时候，时光也随着匆匆流逝，等到你得到了高官厚禄，你已经老了。人的一生，总是被尘俗的事情所劳役，而欢乐开怀的日子总是很少……

思考之后，柳永同志的人生观和幸福观就开始表现出来了。

还不如忘却烦恼，尽情欢乐。对的，把酒听歌，醉依佳人，这才是我柳永应该去追求的。

柳永一边回忆，一边思考，一边总结，于是写出了一篇日记——《看花回》：

屈指劳生百岁期。荣瘁相随。利牵名惹逡巡过，奈两轮、玉走金飞。红颜成白发，极品何为。

尘事常多雅会稀。忍不开眉。画堂歌管深深处，难忘酒盏花枝。醉乡风景好，携手同归。

思考归思考，总结归总结。想是一回事，做是另一回事。柳永同志愿意放弃自己的仕途回到歌妓身边去浅斟低唱吗？

显然，他内心深处本能地告诉他不行，即使要回到红粉佳人的身边，也要等到自己建功立业功成名就之后。

继续赶路吧，天已经很晚了。

（三）子京

仁宗庆历七年（公元 1047 年），柳永爷爷已经 64 岁了，他又一次来到了苏州，来找能够帮助自己找到归宿的人，来找能够帮自己升迁的人。

此时，他来苏州找谁呢？他来找苏州太守滕宗谅。其实这个同志你听起来感觉名字有些陌生，其实也算是老熟人了。想想吧，他就是我们在读中学的时候，在范仲淹的《岳阳楼记》里认识的滕子京，是范仲淹老师的朋友。曾经在岳州巴陵郡里修岳阳楼，现在跑到苏州来混了。

柳永只是和老滕的哥们老范见过一面，老滕会不会给我柳永一点面子呢？说不好。况且自己和老范也并非什么知交，也就是普普通通的朋友而已。

能拿什么东西作为进见之礼，做官清廉不懂贪污，所以没有银子，又没有和房地产商人互相勾结，所以也没有房产。有的还是自己那一支笔，还有自己那点所谓的才华。

于是，依葫芦画瓢吧，柳永又写了一首词，作为投献之礼。这次不再是《望海潮》了，也不再是《一寸金》了，而是一首《永遇乐》：

天阁英游，内朝密侍，当世荣遇。汉守分麾，尧庭请瑞，方面凭心膂。风驰千骑，云拥双旌，向晓洞开严署。拥朱幡、喜色欢声，处处竞歌来暮。

吴王旧国，今古江山秀异，人烟繁富。甘雨车行，仁风扇动，雅称安黎庶。棠郊成政，槐府登贤，非久定须归去。且乘闲、孙阁长开，融尊盛举。

这首词到底说了些什么话呢？当然你也可能知道，说得文雅一点，就是一些歌功颂德的话；说得粗俗一些，就是一些吹牛拍马的话。的确是如此，柳永所有的投献词都是这样写的，而且所说的话都是类似的。

具体来看看到底说了什么话吧！

啊，您是朝廷中才德出众的英才，您是皇帝身边的红人，您受到了当世荣耀的际遇。您奉旨出任地方最高长官，受到了皇帝的委任，您带着朝廷的符节。

啊，您多么气派啊，老百姓簇拥着您华贵的车骑，处处唱着赞颂的歌曲。

啊，您一定会很快被调到京城去做中央的官员。

你夸人家到底为了什么呢，难道你是想我滕子京给你一些钞票吗？你是想和我滕子京交个朋友吗？

非也非也！柳永害怕老滕曲解了自己的意思，或者怕他没有看到自己真实的用意，最后还是点出了自己那大作的中心思想：老大，有机会关照关照吧。您看小弟都这一大把年纪了，不能老是在地方里飘来飘去的吧。

从文学表现手法来看，柳永同志这首词，层次分明，条例清晰，终篇点题，含而不露。即使是中学特级教师来改这篇作文，不说给个满分，起码一个 88 分应该不成问题吧。

然而不幸的是，老滕干了没几天就驾鹤西归了，所以柳永同志登门拜访的时候，那唯唯诺诺的态度和卑躬屈膝的姿态全都浪费了，唯一换取的只是一个凄凉的转身。

既然又没戏了，那就只有走吧！是的，走吧，走吧！

（四）归去

时间已经是深秋时节，刚刚撒过一场秋雨，天气显得有些凉爽，柳永早早地起了床，只见天边还残存着几颗星星，一颗流星正好从头顶划过，一直划过对方的树林，消失不见了。

早上那公鸡的啼叫声已经消失了，东方隐隐有了太阳的亮光，柳永在山路口上伫立了几秒钟，觉得自己好像失落了什么，可是一想，又感觉没有什么失落。

那么出发吧，路还远着呢，那迢迢的山路就像自己的前途

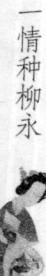

一样渺茫，但是没有办法，只得走下去，于是柳永又拖着疲惫不堪的身躯出发了。

毕竟是年过花甲的老人了，不像年轻时候的白衣公子了，柳永已经走不动了，多年频繁的调动，常年艰难的跋涉，已经把柳永的精力和心血给消耗掉了。

自己曾经那崇高的理想和远大的抱负，随着时光的流逝，被逐渐逐渐地消磨殆尽。

突然，柳永好像有点后悔了，为了那一点蝇头小利，为了那一点微小的功名，整天跋山涉水，追星赶月，把人生都给消耗光了。柳永产生了一个革命性的想法：不干了。

值得吗？为了那么一点卑微的官职，为了那么一点小名小利，为人驱使值得吗？还不如回到老家去自由自在地过自己的余年。

柳永甚至把自己的想法都写在了自己的日记上，记载在一首《凤归云》里面：

向深秋，雨馀爽气肃西郊。陌上夜阑，襟袖起凉飙。天末残星，流电未灭，闪闪隔林梢。又是晓鸡声断，阳乌光动，渐分山路迢迢。

驱驱行役，苒苒光阴，蝇头利禄，蜗角功名，毕竟成何事，漫相高。抛掷云泉，狎玩尘土，壮节等闲消。幸有五湖烟浪，一船风月，会须归去老渔樵。

是的，回去，回去，回去，我要回去。

但是，这做官不是你从小就一直为之奋斗不息的吗？为了你的仕途，你甚至改变了自己风流潇洒的个性，不惜掩盖自己那心高气傲的本质。

干吗？不干吗？

柳永艰难地思索了整整一夜，肚子里面的肠子被这个矛盾的两端拉扯的鲜血淋漓。

终于，柳永在一阵阵的疼痛之后，进入了梦乡，但即使在梦里，他也是矛盾的。他一会儿梦到自己回到了儿时的五夫里，一会儿又梦到自己站在了气派的金銮殿；一会儿梦到自己在小溪边自由自在地钓鱼，一会儿又梦到自己滔滔不绝给皇上陈述治国安邦的万言策……

而现实，只有那一弯凄冷的明月，照耀着秋霜打过的花发。

（五）孙沔

仁宗皇祐五年（公元 1053 年），柳永已经跋涉到人生的七十大寿，人生七十古来稀，对于一直遭受挫折遭受打击，而又经年累月在遭受羁旅悲愁之苦的柳永来说，他活到这个数字也的确是不容易，也许正是得益于他把自己的名字改为了“柳永”吧。

这一年柳永来到了杭州，他又来找人了，这次同样是找地方行政长官——杭州知州孙沔。

照例又是要创作一首词，于是他写了一首《早梅芳》：

海霞红，山烟翠。故都风景繁华地。谯门画戟，下临万井，金碧楼台相倚。芰荷浦溆，杨柳汀洲，映虹桥倒影，兰舟飞棹，游人聚散，一片湖光里。

汉元侯，自从破虏征蛮，峻陟枢庭贵。筹帷厌久，盛年昼锦，归来吾乡我里。铃斋少讼，宴馆多欢，未周星，便恐皇家，图任勋贤，又作登庸计。

但是，他为了争取更大的机会，写完《早梅芳》后又写了

一首《瑞鹧鸪》：

吴会风流。人烟好，高下水际山头。瑶台绛阙，依约蓬丘。万井千闾富庶，雄压十三州。触处青蛾画舸，红粉朱楼。

方面委元侯。致讼简时丰，继日欢游。襦温裤暖，已扇民讴。旦暮锋车命驾，重整济川舟。当恁时，沙堤路稳，归去难留。

可是柳永忘记了政府的规定，到了70岁还不申请退休的话，任凭你在地方上了干多少年，政府也不会给你升迁的。然而，年迈的柳永一心追寻自己的理想，把这一点给忽略了。

在没有结果的情况下，他继续去寻找机会，于是他向润州（在今江苏）进发。

（六）宴会

赶路，赶路，一直赶路，再不赶路就没有机会走了，要知道你马上就要离开人间了。

也许是上天对柳永最后瞅了一眼，眼看他马上就要在艰苦的劳累途上离开人间了，所以特意给他安排了最后的一场宴会。

在一个天气晴好的日子里，柳永遇到了一位曾经的朋友，在朋友的再三要求下，柳永放下自己公务员的身份，跟他走进了歌楼。

那美酒佳肴又摆在自己的面前了，那歌儿舞女又出现在自己的眼前了，柳永感觉自己仿佛又回到了青年时期，想到了那个挥金如土的白衣青年，想到了那个依红偎翠的青年，想到了那个躺在温柔乡里的青年……

今朝有酒今朝醉，有酒不饮奈明何。

干杯！

柳永和朋友干了一杯又一杯。

一边喝酒，一边观赏着美女的舞蹈，由于年老已经不胜酒力，柳永很快就喝得醉醺醺的，梦里面他见到了虫娘，见到了秀香，见到了瑶卿……见到了自己曾经深深地爱过的每一个人。

但是柳永的内心还是清醒的，他知道自己作为国家的官员是不能失去分寸的，他心里十分清楚知道自己现在是在什么地方，自己是在干什么。

剩下的日子还多少呢？应该不会太久了吧，柳永仿佛突然看破了自己所追求的一切，是的，这功名有什么用呢？应该是回故乡的时候了。

在夜幕的灯烛之下，柳永用苍老的手紧紧握住沉重的毛笔，写下了自己的决心，写下了一首《思归乐》：

天幕清和堪宴聚。想得尽、高阳俦侣。皓齿善歌长袖舞。渐引入、醉乡深处。

晚岁光阴能几许。这巧宦、不须多取。共君把酒听杜宇。解再三、劝人归去。

5. 终于死了——我柳永等的就是这一天

（一）去世

我们在开始的时候已经说过，关于一些名人，什么帝王啦，什么才子啦，什么将军啦，什么谋臣啦……在出生的时候总有一些传奇故事，虽然这些传奇故事大都虚构，但即使是假的，人们也愿意去相信去传唱。

柳永的出生很不幸，没有什么传奇故事，充满了浓厚的现实主义。不过他的去世是浪漫主义的，这也为他出生的现实性

多多少少弥补了一下。

仁宗皇祐六年（公元 1054 年），在劳累和忧愁的煎熬下，柳永死在了润州的路上，身边没有一个朋友，也没有一个亲人，身上也没有钱，没有人去料理他的后事。

这老头子到底是谁呢？似乎也没有人认识他。

最后当人们知道这是当年那个风流潇洒的才子柳永之后，满城的歌妓都纷纷奔来，大家凑钱把柳永风风光光地给安葬了，二十多年后才有王安石老师的弟弟王安礼给他进行了改葬。

柳永去世后，没有亲人来祭奠他。

然而，这有什么关系呢？

清明时节，阳春三月，春风浩荡，歌妓们不约而同地准备好了祭礼，纷纷走向柳永的坟，挂满纸钱进行祭拜，并且把他的墓扫得干干净净。

此后，每逢清明来临，歌妓们都相约在一起，奔向墓地给柳永祭扫，人们称之“吊柳七”或“吊柳会”。没有参加第一次“吊柳七”的人，不敢到乐游原上踏青。（**注：大量文史资料记载柳永是被歌妓合伙捐钱埋葬的，而且“吊柳七”这个风俗的确流传了很长时间**）

这个风俗一直都在流传到了南宋才逐渐停止下来，后人有诗题柳墓云：

乐游原上妓如云，尽上风流柳七坟。
可笑纷纷缙绅辈，怜才不及众红裙。

（二）余音

那个白衣飘飘的少年呢？那个才华横溢的才子呢？那个桀骜不驯的“80”后呢？

被北宋王朝抛弃的弃儿，而在一千年后，为它增添了无限的光彩，走自己的路，让别人去说吧。我只要在历史的天空上写下我的《蝶恋花》：

伫倚危楼风细细，望极春愁，黯黯生天际。草色烟光残照里，无言谁会凭阑意？

拟把疏狂图一醉，对酒当歌，强乐还无味。衣带渐宽终不悔，为伊消得人憔悴。

长空千里，一朝风月！柳永懂了，我也懂了，书已经完了，你懂了吗？

后记

我是怎么写这本书的

本书不是正史，不是像《史记》、《汉书》那样记载人物事件的历史著作。本书也不是小说，不是像《西游记》、《红楼梦》那样虚构的故事。本书是用一种独特的笔法对历史人物的介绍和复活。

正史里面没有对柳永的记载，即使在《宋史》里面，我们也找不到柳永的影子。但是，柳永作为中国的词坛大家是不争的事实，在宋词的夜空中，柳永是一颗璀璨的明星，在中国文学史上永放光彩。他吸引着一代又一代的人走近他，使得一代又一代的人被他感染，让一代又一代的人为之倾倒。关于柳永的故事，在野史杂记中多有记载，在民间也有很多传说。

本书以历史和传说为依据，加上一些演绎或是小说的笔法，试图用通俗的语言描绘出一个完整的柳永，尽可能把人物写得真实和丰满，把事件写得真实和可信。本书主要以时间为线索，通过人物的人生经历，把各个阶段的故事串连起来，力求深入挖掘人物的内心世界，同时又从横向展开，把柳永置于特定的历史环境之中，又把他和当今社会现实进行对比，努力展现出一个血肉丰满的人物形象。

关于书中的时间、地点、人物、事件，不作精细的考证，也完全没有这个必要。事实上，即使你是具有考据癖好的胡适之，你敢说柳永一定是生于984年吗？即使你是写《柳永别传》的薛瑞生，你敢说柳永一定是死于1053年吗？一些以专家自居的学者，哪怕你是写了《柳永传》，还是著了《柳永考》，敬请放宽胸怀，不要过多地责难本书。尤其是在人物活动的时间上，请不要深究。因为即使你研究得再深，考证得再准，也只会是对历史又一次合理的曲解，是曲解——难道不是吗？

本书遵循两个原则：一是最大限度地尊重历史事实，二是最大限度地注重阅读趣味。所以，本书可以让人饶有情味地来了解历史，了解人物。

最后，再一次声明，本书不是小说，也不是历史，而是一本以历史为基础的带有小说性质的书。它是一本力图让千年之前的历史人物在当今社会复活的书，它能让你全面地了解柳永，同时也可以让你轻松地读懂柳永——那个风华绝代的风流才子！那个让美女们魂牵梦绕的北宋巨星！